200 x Low Fat

gut gekocht und ganz schön einfach

200 x Low Fat

Cara Hobday

Die Verwertung der Texte und Bilder, auch auszugsweise, ist ohne Zustimmung des Verlags rechtswidrig und strafbar. Dies gilt auch für Vervielfältigungen, Übersetzungen, Mikroverfilmungen und für die Verarbeitung mit elektronischen Systemen.

Die Ratschläge in diesem Buch wurden von Autoren und Verlag sorgfältig erwogen und geprüft, dennoch kann eine Garantie nicht übernommen werden. Eine Haftung der Autoren bzw. des Verlags und seiner Beauftragten für Personen-, Sach- oder Vermögensschäden ist ausgeschlossen.

Erstveröffentlichung 2008 unter dem Titel „Hamlyn All Colour: Low Fat dishes" durch Hamlyn Octopus, einem Imprint von Octopus Publishing Group Ltd., 2-4 Heron Quays, Docklands, London E14 4JP

© 2008 Octopus Publishing Group Ltd.

Alle Rechte vorbehalten

Moewig ist ein Imprint der edel entertainment GmbH
© edel entertainment GmbH, Hamburg
www.moewig.de | www.edel.de

Übersetzung: Susanne Haeger, Heidelberg
Satz: www.lueckenlos.eu
Redaktion: Susanne Lück, Köln

Printed and bound in China

ISBN 978-3-86803-315-1

Inhalt

Einleitung	6
Für alle Tage	12
Schnell gemacht	40
Für besondere Anlässe	80
Vegetarisches	118
Salate	158
Desserts	196
Register	234
Danksagung	240

Einleitung

Einleitung

Wir alle wissen, dass wir gut darauf achten müssen, was wir essen. Für eine langfristig gesunde und fettarme Ernährung sind Illustrierten-Diäten kaum der richtige Weg. Diese mögen zwar helfen, kurzfristig ein paar Pfunde zu verlieren (die bei der Rückkehr zur alten Ernährungsweise dann meist wiederkehren oder gar Verstärkung mitbringen!), sie bieten aber keine Grundlage für dauerhaft gesunde Essgewohnheiten

Gewohnheiten verändern

Die wichtigste Veränderung einer falschen Ernährung besteht darin, weniger Fett zu essen. Die gänzliche Streichung aller Fettaufnahme ist unrealistisch und wäre auch ungesund, da bestimmte Fette wichtig für die Zufuhr der Vitamine A, D, E und K und die Produktion neuer Zellen und Hormone sind. Eine dauerhafte Senkung des Konsums vor allem versteckter tierischer Fette aber ist ein sinnvolles, Herz und Verdauung ebenso wie die Entgiftungsorgane schonendes Ziel.

Verständlicherweise fällt es uns nicht immer leicht, die in den Medien herrschende Informationsflut über gute und schlechte Fette, zu meidende Lebensmittel, optimale Garmethoden bis hin zur idealen Tellergröße in die Praxis umzusetzen. Die Übersetzung in eine alltagstaugliche Küche und die Veränderung lebenslanger Gewohnheiten ist nicht in ein paar Absätzen abgehandelt – eine passende Rezeptsammlung für Ihre zukünftigen regelmäßigen Mahlzeiten hilft da schon wesentlich mehr!

Fettärmer essen

Wie schafft man es aber nun, weniger Fett zu sich zu nehmen? Die Rezepte in diesem Buch helfen, all die verwirrenden Ratschläge in echte Gerichte und ausgewogene Mahlzeiten umzusetzen.

Eine fettreduzierte Ernährung erfordert zunächst einmal eine Änderung der eigenen Haltung. Sich gesund zu ernähren heißt, seine Einkaufs- und Essgewohnheiten neu zu überdenken. Ziel sind regelmäßige, ausgewogene Mahlzeiten, die ausreichend Kohlenhydrate, Gemüse und Eiweiß

enthalten – jeweils ein Drittel ist ein guter Richtwert. Eine solche Ernährung verringert allein schon das Verlangen nach ungesunden Snacks erheblich!

Einkaufstipps

Schreiben Sie vor dem Einkauf immer einen Einkaufszettel – das hilft dabei, verlockende Fertiggerichte, Snacks und Süßigkeiten zu ignorieren. Wählen Sie wann immer möglich die bekömmlichere Alternative: Wählen Sie also z. B. fettarme Molkereiprodukte statt der Vollmilchvariante und ersetzen Sie Crème fraîche durch saure Sahne.

Nutzen Sie die volle Palette des Obst- und Gemüseangebots. Experimentieren Sie mit neuen Blattsalaten und genießen Sie verschiedene Obstsorten. Ananas und Mangos enthalten z. B. genauso viel Vitamin C wie Orangen und Kiwis. Regionale Erzeugnisse der Saison sind zwar immer ideal, doch auch die Tiefkühlabteilung hält nährstoffreiche Produkte wie Bohnen, Sojasprossen oder Beerenmischungen bereit, die Abwechslung in den Speiseplan bringen.

Auch an der Fleischtheke finden sich gesunde Alternativen: Mageres Rinder- oder Schweinefilet gehört zu den fettärmsten Eiweißlieferanten. Auch Hackfleisch ist heute oft fettreduziert erhältlich, alternativ drehen Sie mageres Filet selbst durch den Wolf.

Beim Hähnchen sind die Brustfilets (ohne Haut) am magersten. Auch Putenbrust ist eine fettarme Option und sollte statt Kochschinken oder gar Speck auf den Tisch kommen.

Wichtig ist auch ein gesundes Bratöl. Ein Ölspray bzw. -zerstäuber erleichtert die fettarme Zubereitung von Gebratenem. Alternativ pinseln Sie die Pfanne nur dünn mit hochwertigem Pflanzenöl aus.

Der Konsum von schädlichen gesättigten Fettsäuren lässt sich mühelos verringern, indem man zwei- bis dreimal in der Woche Fisch statt Fleisch isst. Ein einfaches frisches Fischfilet, kräftig gewürzt und rasch im Backofen gegrillt, bildet den Grundstein für eine ebenso köstliche wie durch und durch gesunde Mahlzeit.

Gekaufte Backwaren enthalten viel Fett; zumeist der „falschen" Art. Lassen Sie das Kuchen- und Keksregal daher links liegen und gehen Sie zu den Backzutaten. Bei Selbstgebackenem können Sie die Menge selbst bestimmen und einer hochwertigen Pflanzenmargarine oder Olivenaufstrich den Vorzug vor billiger Backmargarine geben.

Ausrüstung

Ein Dampfgarer ist eine gute Investition. Sie können damit schnell mehrere Dinge gleichzeitig auf nur einer Herdplatte garen. Gedünstetes Gemüse schmeckt selbst so intensiv, dass man das Salz nicht vermisst, und zudem gehen keine wertvollen Nährstoffe ins Kochwasser verloren.

Eine große beschichtete Pfanne mit Deckel ist unentbehrlich. Sie können darin Zutaten fettfrei anbraten, ohne deren Anbrennen befürchten zu müssen. Die Temperatur muss dabei allerdings genau richtig sein: ist sie zu niedrig, wird das Gemüse nicht gar, ist sie zu hoch, verbrennt es, ohne zu garen. Zum Schutz der Beschichtung sollten Pfannenwender aus Holz oder Kunststoff verwendet werden.

Mit einer schweren Grillpfanne verwandeln Sie ein einfaches Fischfilet in einen echt mediterranen Genuss! Auch Fleisch lässt sich darin sehr schmackhaft garen, und das Ergebnis ist zudem fettärmer, da das Fett in den Rillen ablaufen kann. Für ein gutes Gelingen muss die Pfanne heiß sein – rechnen Sie mit mindestens 5 Minuten Vorheizzeit.

Garmethoden

Wenn Sie oft braten, sollten Sie überlegen, ob Sie nicht stattdessen grillen oder backen könnten. Wenn Sie Lammkoteletts auf einem Rost unter dem Backofengrill garen, kann das Fett einfach abtropfen. Auch ist das Aromatisieren beim Grillen und Backen leichter, da Sie z. B. Zitronenscheiben auf Lachssteaks legen oder Kräuter in die Mischung zum Begießen der Hähnchenbrustfilets geben können.

Eine gesündere Alternative zu Pommes Frites, die so viel Frittierfett aufsaugen, dass sie quasi nur noch daraus bestehen, sind Kartoffelspalten oder -ecken, die mit nur wenig Pflanzenöl und Gewürzen im vorgeheizten Backofen bei 200 °C 20 Minuten knusprig gebacken werden.

Planen Sie voraus und bereiten Sie Schmor- und Eintöpfe schon am Vortag zu. Über Nacht im Kühlschrank entfaltet sich nicht nur das volle Aroma, sondern das Fett sammelt sich auch an der Oberfläche und kann dann leicht abgeschöpft werden.

Serviervorschläge

Mit ein paar Kniffen bei Tisch können Sie Ihre ausgewogene, fettarme Mahlzeit noch ansprechender aussehen lassen. Kleinere Teller gelten oft als guter erster Schritt, wenn man seine Kalorienzufuhr verringern möchte. Denn eine mittelgroße Portion sieht auf einem kleinen Teller sättigender aus als dieselbe Menge auf einem großen Teller.

Ofenkartoffeln bieten Sie mit Naturjoghurt statt mit Kräuterquark an. Reichen Sie Brot statt mit Butter mit einem Knoblauchöl zum Dippen. Auf knusprig heißem Toast mit Marmelade wird Ihnen die Butter kaum fehlen. Und eine küchenfertige Himbeersauce auf frischem Obstsalat ist für Sie und Ihre Familie immer noch viel gesünder als Schlagsahne!

Ersetzen Sie Mayonnaise durch verschiedene Salsas und Chutneys. Mango-Chutney etwa passt zu den verschiedensten Gerichten, und eine Tomaten-Salsa verleiht Ihren Burgern zusätzlichen Pfiff.

Das Geheimnis besteht bei fettarmer Kost darin, den starken Geschmacksträger Fett durch viel extra Aroma wettzumachen.

Wenn Sie junges, marktfrisches Gemüse dämpfen, Schnittlauch, Petersilie und etwas Zitronenschale beigeben und es einfallsreich oder exotisch würzen, vermisst niemand eine Sahnesauce. Wecken Sie abgestumpfte Geschmacksknospen mit ungewöhnlichen Kombinationen wie etwa Zucchini mit roter Paprika.

Haben Sie einmal angefangen, Ihre Essgewohnheiten zu ändern, dann werden Sie diese Entscheidung nie bereuen! Bei zu hoher Fettzufuhr muss der Körper Energie für die (ohnehin unerwünschte) Speicherung dieses Fetts aufwenden. Sobald Sie Ihren Fettkonsum verringern, werden Sie den Unterschied deutlich spüren: Sie haben wieder mehr Energie für ein aktives, reges und gesundes Leben.

Genießen Sie die Rezepte in diesem Buch – auf Dauer fettarm!

Für alle Tage

Gebratener Gemüsereis mit Filetstreifen

Für **4 Personen**
Zubereitungszeit **15 Minuten** plus Marinierzeit
Kochzeit **20 Minuten**

200 g **Basmatireis**
4 EL **Hoisinsauce**
2 **Knoblauchzehen**, zerdrückt
5-cm-Stück **frischer Ingwer**, gerieben
1 **rote Chili**, in Ringe geschnitten
1 **Sternanisfrucht**
1 EL Tomatenmark
300 g **Schweinefilet**, in dünne Streifen geschnitten
Distelölspray
1 **rote Zwiebel**, gehackt
125 g **Weiß- oder Wirsingkohl**, fein gehackt
1 **Karotte**, in dünne Scheiben geschnitten
geröstete **Sesamkörner**, zum Servieren

Den Reis in kochendem gesalzenem Wasser 16–18 Minuten garen. Abgießen und beiseite stellen.

Unterdessen Hoisinsauce, Knoblauch, Ingwer, Chili, Sternanis und Tomatenmark verrühren. Die Filetstreifen hineingeben, alles gut mischen und abgedeckt bis zu 1 Stunde marinieren.

Einen Wok auf hoher Stufe erhitzen und mit Öl besprühen. Das Fleisch aus der Marinade nehmen (die restliche Marinade weggießen), in den Wok geben und 1 Minute anbraten. Zwiebel, Kohl und Karotte untermischen, den Reis zufügen und alles bei starker Hitze 3 Minuten unter Rühren anbraten. Mit Sesam bestreut servieren.

Für gebratene Nudeln mit Lammstreifen das Schweinefilet durch 300 g Lammfilet ersetzen und Reis und Tomatenmark weglassen. Das Lammfleisch wie oben beschrieben marinieren und mit dem Gemüse anbraten. 3 Beutel (je 150 g) vorgekochte Wok-Reisnudeln (oder getrocknete, gemäß Packungsanweisung gegarte Reisnudeln) zugeben und 1 Minute unter Rühren erhitzen. Statt mit Sesam mit gehacktem Koriander bestreut servieren.

Hähnchenspieße

Für **4 Personen**
Zubereitungszeit **10 Minuten**
 plus Marinierzeit
Backzeit **10 Minuten**

25 g **Erdnussbutter ohne Stückchen**
125 ml **Sojasauce**
125 ml **Limettensaft**
15 g **Currypulver**
2 **Knoblauchzehen**, gehackt
1 TL **scharfe Chilisauce**
6 **Hähnchenbrustfilets**, je 125 g, gewürfelt

12 Holzspieße in warmem Wasser einweichen. Erdnussbutter, Sojasauce, Limettensaft, Currypulver, Knoblauch und Chilisauce in einer großen Schüssel verrühren.

Die Hähnchenwürfel in die Marinade geben und im Kühlschrank 8 Stunden oder über Nacht marinieren.

Die marinierten Würfel auf die Spieße stecken und unter dem vorgeheizten Backofengrill auf jeder Seite 5 Minuten goldbraun grillen.

Für Schweinefleischspieße gewürfeltes Schweinefleisch in einer Mischung aus 3 zerdrückten Knoblauchzehen, je ½ Teelöffel gemahlenem Kreuzkümmel und Zimt, je 1 Teelöffel gemahlenem Koriander und Kurkuma, 2 Teelöffeln Zucker, 2 Esslöffeln Limettensaft, 4 fein gehackten Frühlingszwiebeln und 2 Esslöffeln Olivenöl marinieren. Wie oben beschrieben aufspießen und grillen

Hähnchenbrust mit Zitrone und Petersilie

Für **4 Personen**
Zubereitungszeit **5 Minuten**
Koch- und Backzeit
  8 Minuten

4 **Hähnchenbrustfilets**,
  je 125 g
1 EL **Olivenöl**
25 g **Butter**
2 EL **Zitronensaft**
3 EL gehackte **Petersilie**
1 EL gehackter **Oregano**
Salz und Pfeffer
Zitronenspalten, zum
  Servieren

Die Hähnchenfilets mit einem scharfen Messer waagerecht halbieren, auf den Grillrost legen und mit Salz und Pfeffer würzen. Den Rost über ein mit Alufolie ausgelegtes Blech setzen.

Öl, Butter, Zitronensaft, Petersilie und Oregano in einem kleinen Topf erhitzen, bis die Butter geschmolzen ist. Die Mischung gleichmäßig über die Hähnchenfilets geben.

Die Hähnchenfilets unter dem vorgeheizten Backofengrill 4 Minuten braten, bis sie gerade gar und noch saftig sind. Sofort mit Zitronenspalten und nach Wunsch mit Vollkornnudeln servieren.

Für Chili-Hähnchen-Wraps 1 entkernte gehackte rote Chili zur Kräuterbuttermischung geben. Während die Filets wie oben beschrieben grillen, im unteren Teil des Ofens 8 Weizentortillas anwärmen. Je 150 g Brunnenkresse und Rucola mischen und auf die Tortillas verteilen. Die gegrillten Filets in dünne Streifen schneiden, auf den Salat geben, die Tortillas aufrollen und mit Zitronenspalten servieren.

Paprika-Steak-Spieße

Für **4 Personen**
Zubereitungszeit **15 Minuten**
plus Marinierzeit
Backzeit **15 Minuten**

400 g **Rump- oder Hüftsteak**
1 **rote Paprika**
1 **grüne Paprika**
1 TL **zerstoßene Koriandersamen**
3 EL **Pflanzenöl**
15 g **frischer Koriander**, gehackt
1 **rote Chili**, entkernt und gehackt
1 **Knoblauchzehe**, zerdrückt
2 EL **Limettensaft**
4 **Chapatis**
Salz und Pfeffer

8 Holzspieße in warmem Wasser einweichen. Steaks und beide Paprika in 2 cm große Würfel schneiden.

Koriandersamen, 2 Esslöffel Öl und die Hälfte des gehackten Korianders in einer Schüssel verrühren und nach Geschmack salzen und pfeffern. Fleisch und Paprika hineingeben und alles gut mischen.

Fleisch- und Paprikastücke abwechselnd auf die Spieße stecken und abgedeckt im Kühlschrank bis zu 1 Stunde marinieren.

Restlichen Koriander, restliches Öl, Chili, Knoblauch und Limettensaft zu einem Dressing verrühren. Mit Salz und Pfeffer abschmecken und beiseite stellen.

Die Spieße unter dem vorgeheizten Backofengrill unter häufigem Wenden und Begießen mit dem Bratensaft 15 Minuten grillen. Die Chapatis unter dem Grill aufbacken.

Pro Person 2 Spieße auf einem heißen Chapati anrichten und mit dem Korianderdressing beträufelt servieren.

Für Limetten-Schnittlauch-Couscous als Beilage
250 g Couscous in eine Schüssel geben und 2,5 cm hoch mit kochendem Wasser bedecken. Abgedeckt 5 Minuten quellen lassen, bis der Couscous das ganze Wasser aufgenommen hat. Abgeriebene Schale und Saft von 1 unbehandelten Limette sowie 3 Esslöffel gehackten Schnittlauch unterrühren. Die Spieße auf dem Couscous anrichten und mit dem Korianderdressing beträufelt servieren.

Schellfischpäckchen mit Kokosreis

Für **4 Personen**
Zubereitungszeit **15 Minuten**
Koch- und Backzeit
  20 Minuten

4 **Schellfischfilets**, je 150 g
4 EL gehackter **Koriander**
1 **rote Chili**, gehackt
1 **Schalotte**, in feine
  Spalten geschnitten
1 **unbehandelte Limette**, in
  Scheiben geschnitten, plus
  zusätzliche Limettenhälften
  zum Servieren
2 Stängel **Zitronengras**,
  1 grob gehackt und
  1 gequetscht
200 g **thailändischer
  Jasminreis**
2 frische oder getrocknete
  Kaffirlimettenblätter
50 ml **fettreduzierte
  Kokosmilch**

Aus Backpapier 4 Quadrate (30 cm x 30 cm) zuschneiden. Je 1 Fischfilet in die Mitte der Quadrate legen und Koriander, Chili, Schalotte, Limettenscheiben und gehacktes Zitronengras gleichmäßig darauf verteilen. Das Papier zu gut verschlossenen Päckchen zusammenfalten.

Die Fischpäckchen auf einem Backblech im vorgeheizten Ofen bei 180 °C 20 Minuten backen.

Unterdessen Reis, gequetschten Zitronengrasstängel und Limettenblätter in einen Topf geben. 400 ml Wasser zugießen, zum Kochen bringen und abgedeckt 12 Minuten köcheln lassen. Wenn der Reis das ganze Wasser aufgenommen hat, den Zitronengrasstängel entfernen und die Kokosmilch unterrühren. Den Kokosreis mit den Schellfischpäckchen und einigen zusätzlichen Limettenhälften servieren.

Für Lachspäckchen mit Sesamreis anstelle des Schellfisches 150-g-Portionen Lachsfilet (ohne Haut) verwenden. Die Limetten durch Zitronen ersetzen, das Zitronengras weglassen und stattdessen einige Tropfen Sesamöl über die Lachsfilets träufeln. Die Päckchen wie oben beschrieben verschließen und backen. Den Reis ohne Limettenblätter und Kokosmilch zubereiten, stattdessen 2 Esslöffel geröstete Sesamkörner und 2 gehackte Frühlingszwiebeln mit einer Gabel unter den fertigen Reis heben. Lachs und Reis mit Zitronenspalten garniert servieren.

Cajun-Lachsfilet mit Salsa

Für **4 Personen**
Zubereitungszeit **15 Minuten**
Kochzeit **8 Minuten**

4 EL **Cajun-Gewürzmischung**
1 TL **getrockneter Oregano**
4 **Lachsfilets**, je 100 g
Distelöl, zum Bestreichen
Limettenspalten, zum Garnieren

Cajun-Salsa
1 Dose (410 g) **Augenbohnen**, abgespült und abgetropft
2 EL **Olivenöl**
1 **Avocado**, gewürfelt
2 **Flaschentomaten**, fein gewürfelt
1 **gelbe Paprika**, fein gewürfelt
2 EL **Limettensaft**
Salz und Pfeffer

Cajun-Gewürz und Oregano in einer flachen Schale mischen.

Den Lachs auf beiden Seiten mit etwas Öl bestreichen, dann gründlich rundum in der Gewürzmischung panieren. Beiseite stellen.

Unterdessen für die Salsa alle Zutaten in einer Schüssel verrühren. Mit Salz und Pfeffer abschmecken und beiseite stellen.

Den Lachs in einer heißen Pfanne ohne Fett auf jeder Seite 4 Minuten braten.

Den gebratenen Lachs mit der Salsa anrichten und mit Limettenspalten garniert servieren.

Für eine Salsa Verde 6 in Öl eingelegte Sardellenfilets abtropfen lassen und fein hacken. 3 Esslöffel gehacktes Basilikum, 3 Esslöffel gehackte Petersilie oder Schnittlauch, 2 Teelöffel grob gehackte Kapern, 2 Teelöffel Dijon-Senf, 3 Esslöffel Olivenöl und 1½ Esslöffel Weißweinessig zugeben und alles gut vermengen

Garnelenspieße mit Relish

Für **4 Personen**
Zubereitungszeit **10 Minuten**
Backzeit **10 Minuten**

50 g **saure Gurken**, fein gehackt
50 g **Salatgurke**, fein gehackt
1 **Schalotte**, fein gehackt
50 ml **Olivenöl**
1½ EL **Weißweinessig**
1 EL grob gehackter **Dill**
400 g rohe **Garnelenschwänze**
Salz und Pfeffer

12 Holzspieße in warmem Wasser einweichen. Saure Gurke, Salatgurke und Schalotte in einer kleinen Schüssel mischen. In einer zweiten Schüssel Öl, Essig und Dill verrühren und salzen und pfeffern.

Etwa 4 Garnelen auf jeden Spieß stecken und unter dem vorgeheizten Backofengrill unter ein- oder zweimaligem Wenden 10 Minuten gar grillen.

Die Garnelenspieße auf 4 Tellern anrichten. Das Dressing zur Gurkenmischung geben und umrühren. Dieses Gurkenrelish über die Garnelen geben und alles nach Wunsch mit neuen Kartoffeln servieren.

Für Jakobsmuschelspieße mit einem Gurken-Avocado-Relish die Garnelen durch 16 kleine Jakobsmuscheln ohne Rogen ersetzen. 2 feste, aber reife Avocados schälen und würfeln, mit der Salatgurke mischen (die sauren Gurken weglassen) und sofort mit dem Dressing anmachen. Die Jakobsmuscheln ganz dünn mit etwas Olivenöl bestreichen und auf jeder Seite 2–3 Minuten grillen, bis sie gerade fest und weiß sind. Mit dem Relish und neuen Kartoffeln oder Reis servieren.

Scholle mit Kräuter-Kokos-Kruste

Für **4 Personen**
Zubereitungszeit **10 Minuten**
Backzeit **15 Minuten**

30 g **Kokosraspel**
50 g **Semmelbrösel**
2 EL gehackter **Schnittlauch**
1 Prise **Paprikapulver**
4 **Schollenfilets** ohne Haut
Salz und Pfeffer
unbehandelte **Limettenspalten**, zum Servieren

Kokos, Semmelbrösel, Schnittlauch und Paprika mischen und mit Salz und Pfeffer würzen.

Die Schollenfilets auf ein mit Backpapier ausgelegtes Blech legen, mit der Kokosmischung bestreuen und im vorgeheizten Ofen bei 180 °C 15 Minuten knusprig backen.

Die Filets mit Limettenspalten servieren. Dazu nach Wunsch Kartoffelecken und Rucolasalat reichen.

Für Seezunge mit Mandelkruste die Schollenfilets durch 4 Seezungenfilets ohne Haut ersetzen. Für die Krustenmischung anstelle der Kokosraspel 50 g gehobelte Mandeln verwenden. Den Fisch mit neuen Kartoffeln, Brunnenkresse und Zitronenspalten servieren.

Penne mit Rösttomaten

Für 4 Personen
Zubereitungszeit **15 Minuten**
Koch- und Backzeit
  15 Minuten

500 g **Kirschtomaten**,
  halbiert
2 EL **Olivenöl**
2 **Knoblauchzehen**,
  fein gehackt
4–5 Zweige **Rosmarin**
1 Prise **Paprikapulver**
  oder **Cayennepfeffer**
375 g **getrocknete**
  Vollkorn-Penne
2 EL **Balsamico**
4 EL **saure Sahne**
Salz und Pfeffer
Parmesanspäne,
  zum Servieren

Die Kirschtomaten in eine Auflaufform geben, mit dem Öl beträufeln und mit Knoblauch, abgezupften Blättern von 3 Rosmarinzweigen, Paprikapulver bzw. Cayennepfeffer und etwas Salz und Pfeffer bestreuen. Im vorgeheizten Ofen bei 200 °C 15 Minuten rösten.

Unterdessen die Nudeln in einem großen Topf mit kochendem Wasser 10–12 Minuten *al dente* kochen, dann abgießen.

Den Balsamico über die Tomaten geben, abgetropfte Nudeln und saure Sahne zufügen und alles gut mischen. Auf Pastateller verteilen und mit Parmesanspänen bestreut servieren.

Für Penne mit Rösttomaten, Pinienkernen und Rosinen das Paprikapulver bzw. den Cayennepfeffer weglassen und je 1 Handvoll Pinienkerne und Rosinen mit den Tomaten rösten. Wie oben beschrieben fortfahren, jedoch nicht mit Parmesan, sondern mit gewürfeltem Mozzarella bestreuen und den Käse vor dem Servieren weich werden lassen.

Lamm-Pflaumen-Tagine mit Graupen

Für **4 Personen**
Zubereitungszeit **15 Minuten**
Kochzeit **1–1¼ Stunden**

Olivenölspray
625 g **mageres Lammgulasch**
1 **rote Zwiebel**, gehackt
1 **Karotte**, gehackt
1 TL **Paprikapulver**
1 TL **gemahlener Koriander**
1 TL **Fenchelsamen**
3-cm-Stück **Zimtstange**
2 **Lorbeerblätter**
2 **Knoblauchzehen**, zerdrückt
3 EL **Limettensaft**
750 ml **Hühnerbrühe**
175 g **Trockenpflaumen**
1 Dose (400 g) **Tomatenstücke**
65 g **Graupen**
15 g **frischer Koriander**, gehackt, plus zusätzliche Zweige zum Garnieren
400 g **Couscous**
Salz und Pfeffer

Einen großen Schmortopf erhitzen und dünn mit Öl besprühen. Das Lammfleisch darin ggf. portionsweise kurz scharf anbraten, dann mit einem Schaumlöffel herausnehmen. Zwiebel und Karotte in den Topf geben und kurz bräunen. Das Fleisch zurück in den Topf geben und Gewürze, Knoblauch, 2 Esslöffel Limettensaft, Brühe, Pflaumen, Tomaten und Graupen zufügen. Gut umrühren und mit Salz und Pfeffer würzen.

Abgedeckt 1 Stunde schmoren lassen, bis das Fleisch weich ist. Am Ende der Garzeit Koriander und restlichen Limettensaft unterrühren.

Unterdessen den Couscous gemäß Packungsanweisung garen und 5 Minuten ruhen lassen. Die Tagine auf dem Couscous anrichten und mit Korianderzweigen garniert servieren.

Für eine Schweinefleisch-Aprikosen-Tagine das Lammgulasch durch dieselbe Menge Schweinegulasch und die Trockenpflaumen durch getrocknete Aprikosen ersetzen. 1 Handvoll halbierte Mandeln bei mittlerer Hitze in einer Pfanne anrösten und zusammen mit den Graupen in den Schmortopf geben.

Puten-Burger mit Süßkartoffelecken

Für **4 Personen**
Zubereitungszeit **15 Minuten**
 plus Kühlzeit
Koch- und Backzeit
 40 Minuten

750 g **Süßkartoffeln**,
 ungeschält in Spalten
 geschnitten
2 EL **Distelöl**
500 g **Putenhackfleisch**
½ **rote Paprika**, gehackt
1 Dose (325 g) **Mais**,
 abgespült und abgetropft
1 **Zwiebel**, gehackt
1 **Ei**, verquirlt
6 **Vollkornbrötchen**
Salz und Pfeffer
Salatblätter und Tomatenscheiben, zum Servieren

Süßkartoffeln und 1 Esslöffel Öl gut mischen, mit Salz und Pfeffer würzen und im vorgeheizten Ofen bei 200 °C unter einmaligem Wenden 30 Minuten knusprig und weich rösten.

Unterdessen Hackfleisch, Paprika, Mais, Zwiebel, Ei und Salz und Pfeffer nach Geschmack in einer großen Schüssel mischen. Die Masse zu 6 Frikadellen formen und bis zum Braten in den Kühlschrank stellen.

Das restliche Öl in einer großen Pfanne auf mittlerer Stufe erhitzen. Die Frikadellen darin in zwei Portionen auf jeder Seite 2 Minuten bräunen. Auf ein Backblech legen und im Ofen unter den Kartoffelecken 15 Minuten fertig garen.

Die Brötchen aufschneiden und mit der Schnittfläche nach unten in der heißen Pfanne anrösten. Je 1 Salatblatt, ein paar Tomatenscheiben und 1 Frikadelle auf die unteren Brötchenhälften legen und die oberen Brötchenhälften daraufsetzen. Die Burger mit den Süßkartoffelecken servieren.

Für Lamm-Kichererbsen-Burger das Putenhackfleisch durch 300 g Lammhackfleisch ersetzen. 2 Dosen (je 400 g) Kichererbsen abgießen, mit einer Gabel grob zerdrücken und anstelle der Maiskörner zur Frikadellenmischung geben.

Hühner-Reispfanne mit Kidneybohnen

Für **4 Personen**
Zubereitungszeit **15 Minuten**
Koch- und Backzeit
  20–25 Minuten

Distelölspray
1 **Zwiebel**, grob gehackt
1 **rote Paprika**, grob gehackt
1 **Knoblauchzehe**, halbiert
250 g **Hähnchenschenkelfleisch** (ohne Haut oder Knochen), in 3 cm große Stücke geschnitten
2 TL **Cayennepfeffer**
200 g **Langkornreis**
1 Dose (410 g) **rote Kidneybohnen**, abgespült und abgetropft
1 Dose (395 g) **Kirschtomaten**
200 ml **Hühnerbrühe**
Salz und Pfeffer

Zum Servieren
frische **Korianderblätter**, grob gehackt
unbehandelte Limettenspalten

Eine große Pfanne mit feuerfestem Griff erhitzen und dünn mit Öl besprühen. Zwiebel, Paprika, Knoblauch und Hähnchenfleisch hineingeben und auf mittlerer Stufe unter Rühren 3 Minuten anbraten.

Cayennepfeffer, Reis, Bohnen, Tomaten und Brühe zufügen und mit Salz und Pfeffer würzen. Alles zum Kochen bringen und 15 Minuten köcheln lassen.

Wenn Reis und Fleisch gar sind, so viele Hähnchenstücke wie möglich auf den Reis legen und unter dem vorgeheizten Backofengrill goldbraun grillen.

Mit gehacktem Koriander bestreuen und mit Limettenspalten servieren.

Für eine Hühner-Reispfanne mit Kichererbsen die Kidneybohnen durch 1 Dose (410 g) Kichererbsen ersetzen. Im zweiten Schritt den Cayennepfeffer weglassen und stattdessen ½ Teelöffel Zimt und Saft von ½ Zitrone mit den übrigen Zutaten in die Pfanne geben. Wie oben beschrieben fertig zubereiten, aber statt mit Koriander und Limettenspalten mit Minzeblättern garniert servieren.

Chili-Filetspieße mit Ananasreis

Für **4 Personen**
Zubereitungszeit **20 Minuten** plus Marinierzeit
Koch- und Backzeit **15 Minuten**

2 EL **Distelöl**
2 EL **Limettensaft**
2 **Knoblauchzehen**, zerdrückt
1 **rote Chili**, entkernt und fein gehackt
300 g **Schweinefilet**, gewürfelt
200 g **thailändischer Duftreis**
6 **Frühlingszwiebeln**, in dünne Ringe geschnitten
200 g **Ananas**, fein gewürfelt
½ **rote Zwiebel**, in Spalten geschnitten
1 **unbehandelte Limette**, in Spalten geschnitten
Salz und Pfeffer
Chilisauce, zum Servieren

8 Holzspieße in warmem Wasser einweichen. Öl, Limettensaft, Knoblauch, Chili und Salz und Pfeffer in einer Schüssel verrühren. Das Fleisch hineingeben, gut umrühren und abgedeckt im Kühlschrank mindestens 1 Stunde marinieren.

Unterdessen den Reis in leicht gesalzenem, kochendem Wasser 12–15 Minuten oder gemäß Packungsanweisung garen. Abgießen und mit Frühlingszwiebeln und Ananas mischen.

Das marinierte Fleisch abwechselnd mit Zwiebel- und Limettenspalten auf die Spieße stecken und unter dem vorgeheizten Backofengrill unter häufigem Wenden und Bestreichen mit der restlichen Marinade 10 Minuten gar grillen.

Spieße und Ananasreis mit einem Schälchen Chilisauce auf Tellern anrichten und sofort servieren.

Für Chili-Kasslerspieße das Schweinefilet durch 300 g gewürfeltes Kassler und die Limettenspalten durch 1 grüne in Streifen geschnittene Paprika ersetzen. Die marinierten Kasslerwürfel abwechselnd mit Zwiebelspalten und Paprikastreifen aufspießen. Statt der Chilisauce ein Mango-Chutney zu den gegrillten Spießen reichen.

Schnell gemacht

Hühner-Nudelsuppe mit Miso

Für **4 Personen**
Zubereitungszeit **15 Minuten**
Kochzeit **20 Minuten**

Distelölspray
5-cm-Stück **frischer Ingwer**, gehackt
3 **Knoblauchzehen**, zerdrückt
1 Prise **Cayennepfeffer**
3 EL **Misopaste**
2 EL **Limettensaft**
200 g **dünne asiatische Eiernudeln**
2 **Hähnchenbrustfilets**, je 125 g, in dünne Streifen geschnitten
125 g **Shiitake-Pilze**, in Scheiben geschnitten
65 g **Babymaiskolben**, in Stücke geschnitten
200 g **Zuckererbsen**, halbiert
85 g **Brunnenkresse**, dickere Stiele entfernt
Sojasauce, zum Servieren

Einen großen Topf erhitzen, den Boden mit Öl besprühen und Ingwer, Knoblauch und Cayennepfeffer darin 1 Minute unter Rühren anbraten. 1,8 l kochendes Wasser zugießen und zum Köcheln bringen. Misopaste, Limettensaft und Nudeln unterrühren und 1 Minute kochen lassen. Abgedeckt beiseite stellen.

Einen Wok oder eine große Pfanne erhitzen, mit Öl besprühen und Hähnchenstreifen, Pilze und Maiskolben darin 2–3 Minuten unter Rühren anbraten. Die Zuckererbsen zufügen und 2 Minuten anbraten.

Die Suppe auf 4 Schalen verteilen, das gebratene Gemüse und Hähnchenfleisch daraufgeben und mit der Brunnenkresse bestreut servieren.

Die Sojasauce getrennt zur Suppe reichen.

Für eine Miso-Nudelsuppe mit Omelettstreifen
das Hähnchenfleisch weglassen und stattdessen aus 4 Eiern und 4 in Ringe geschnittenen Frühlingszwiebeln 2 Omeletts zubereiten. Die fertigen Omeletts aufrollen, in Streifen schneiden und auf die Schalen verteilen. Suppe und gebratenes Gemüse darübergeben.

Bohnen-Kräuter-Dip

Für **4 Personen**
Zubereitungszeit **5 Minuten**
 plus Kühlzeit
Kochzeit **15 Minuten**

375 g **frische oder tiefgefrorene dicke Bohnen**
50 g **Petersilie**, grob gehackt
50 g **frischer Koriander**, grob gehackt
1–2 **grüne Chillies**, entkernt und gehackt
2 **Knoblauchzehen**, gehackt
1½ TL **gemahlener Kreuzkümmel**
3 EL **Olivenöl**
1 **Zwiebel**, in dünne Spalten geschnitten
Salz und Pfeffer

Die Bohnen in leicht gesalzenem kochendem Wasser 5 Minuten kochen. Petersilie und Koriander zufügen und abgedeckt weitere 5 Minuten köcheln lassen. Durch ein Sieb geben, dabei einen Teil des Kochwassers auffangen.

Bohnen, Chillies, Knoblauch, Kreuzkümmel, 2 Esslöffel Öl und 3–4 Esslöffel von dem aufgefangenen Kochwasser in einem Mixer zu einer glatten Paste verarbeiten (wenn die Masse zu trocken ist, noch etwas Kochwasser zugeben). Mit Salz und Pfeffer abschmecken, in eine Schale geben und kalt stellen.

Das restliche Öl in einer beschichteten Pfanne auf hoher Stufe erhitzen. Die Zwiebel darin goldbraun und knusprig braten. Über den gekühlten Dip geben. Nach Wunsch mit Vollkorn- oder Pitabrot oder Rohkost reichen.

Für einen Auberginen-Dip 2 Auberginen in Alufolie eingewickelt im vorgeheizten Ofen bei 180 °C 30–45 Minuten backen. Das Fruchtfleisch mit einer Gabel zerdrücken und mit 2 Esslöffeln Olivenöl, 1 Esslöffel Zitronensaft und 2–3 zerdrückten Knoblauchzehen mischen. Mit Salz und Pfeffer abschmecken.

Teriyaki-Wolfsbarsch mit Nudeln

Für **4 Personen**
Zubereitungszeit **5 Minuten**
Koch- und Backzeit
　10 Minuten

Distelölspray
4 **Wolfsbarschfilets**, je 175 g
250 g **mitteldicke asiatische Eiernudeln**
1 EL **Sesamöl**
2 EL fein gehackter **Schnittlauch**
3 **Frühlingszwiebeln**, fein gehackt

Teriyaki-Sauce
75 ml **Mirin oder mitteltrockener Sherry**
75 ml **helle Sojasauce**
75 ml **Hühnerbrühe**

Für die Teriyaki-Sauce den Mirin bzw. Sherry in einem Topf zum Kochen bringen und 2 Minuten auf die Hälfte einkochen lassen. Sojasauce und Brühe zufügen, umrühren und vom Herd nehmen.

Ein Blech mit Alufolie auslegen, den Grillrost aufsetzen, mit Öl besprühen und die Fischfilets darauflegen. Die Filets mit der Teriyaki-Sauce bestreichen und unter dem vorgeheizten Backofengrill unter häufigem Bestreichen mit der Sauce 5–6 Minuten grillen.

Unterdessen die Nudeln in leicht gesalzenem kochendem Wasser 3 Minuten oder gemäß Packungsanweisung garen. Abgießen und Sesamöl, Schnittlauch und Frühlingszwiebeln untermischen.

Den gegrillten Wolfsbarsch neben oder auf den heißen Nudeln anrichten und mit dem Bratensaft von der Alufolie beträufelt servieren.

Für Teriyaki-Tofu mit gebratenem Chinakohl den Wolfsbarsch durch 2 Pakete (je 250 g) Tofu ersetzen. Den Tofu waagerecht in Scheiben schneiden und wie oben beschrieben zubereiten. Unterdessen 250 g Chinakohl und 1 rote Paprika in dünne Streifen schneiden und unter Rühren anbraten. Den heißen Tofu auf dem gebratenen Gemüse anrichten und sofort servieren.

Lammspieße mit Minzemarinade

Für **4 Personen**
Zubereitungszeit **15 Minuten**
  plus Marinierzeit
Backzeit **10 Minuten**

1 **Knoblauchzehe**, zerdrückt
2 EL gehackte **Minze**
1 EL **küchenfertige Minzsauce**
150 g **fettarmer Naturjoghurt**
375 g **mageres Lammfleisch**, gewürfelt
2 kleine **Zwiebeln**, in Spalten geschnitten
1 **grüne Paprika**, in Streifen geschnitten
unbehandelte Zitronenspalten, zum Servieren

Knoblauch, Minze, Minzsauce und Joghurt in einer mittelgroßen Schüssel verrühren. Das Lammfleisch hineingeben und gut untermischen. Abgedeckt an einem kühlen Ort 10 Minuten marinieren.

Zwiebeln, Paprika und mariniertes Lammfleisch abwechselnd auf 8 Metallspieße stecken und unter dem vorgeheizten Backofengrill 8–10 Minuten gar braten.

Die Spieße mit Zitronenspalten und nach Wunsch mit Couscous und einem grünen Salat servieren.

Für chinesische Lammspieße das Fleisch in einer Mischung aus einem fein geriebenen 5-cm-Stück frischen Ingwer, je 4 Esslöffeln Sojasauce und trockenem Sherry, 1 Teelöffel Zucker und 1 Esslöffel Zitronensaft marinieren. Wie oben beschrieben grillen.

Thunfisch-Enchiladas

Für **4 Personen**
Zubereitungszeit **10 Minuten**
Backzeit **15 Minuten**

- 2 **reife Tomaten**, fein gewürfelt
- 1 **rote Zwiebel**, fein gehackt
- 1 EL **Limettensaft** oder nach Geschmack
- 8 **Chapatis**
- 1 Dose (300 g) **Thunfisch in Wasser**, abgetropft
- 150 g **fettreduzierter Gouda**, gerieben
- **Salz und Pfeffer**
- **frischer Koriander**, gehackt, zum Garnieren

Tomaten, Zwiebel und Limettensaft mischen und mit Salz und Pfeffer würzen.

Die Chapatis auf eine Arbeitsfläche legen, Tomatenmischung und Thunfisch darauf verteilen und mit der Hälfte des Goudas bestreuen. Die Chapatis aufrollen, nebeneinander in eine Auflaufform legen und mit dem restlichen Käse bestreuen.

Im vorgeheizten Ofen bei 200 °C 15 Minuten goldbraun überbacken. Mit Koriander garniert sofort servieren.

Für Gemüse-Enchiladas 12 Champignons und 2 Zucchini in Scheiben schneiden, grillen und anstelle des Thunfischs verwenden. Für zusätzliche Schärfe eine gehackte, entkernte Jalapeño-Chili zur Tomaten-Zwiebel-Mischung geben.

Lachs-Bulgur-Pilaw

Für **4 Personen**
Zubereitungszeit **10 Minuten**
Kochzeit **10–15 Minuten**

475 g **Lachsfilet** ohne Haut
250 g **Bulgur**
75 g **tiefgefrorene Erbsen**
200 g **Stangenbohnen**,
  diagonal in kurze Stücke
  geschnitten
2 EL gehackter **Schnittlauch**
2 EL gehackte
  glatte Petersilie
Salz und Pfeffer

Zum Servieren
unbehandelte Zitronen-
  spalten
fettarmer Joghurt

Den Lachs im Dampftopf oder der Mikrowelle 10 Minuten dämpfen. Alternativ das Filet in Alufolie eingewickelt im vorgeheizten Ofen bei 180 °C 15 Minuten backen.

Unterdessen den Bulgur gemäß Packungsanweisung garen und Erbsen und Bohnen gar kochen. Alternativ Bulgur, Erbsen und Bohnen zusammen mit dem Lachs im Dampftopf garen.

Den Lachs mit einer Gabel in Stücke ziehen. Lachsstücke, Bulgur, Erbsen und Bohnen mischen, Schnittlauch und Petersilie unterheben und alles mit Salz und Pfeffer abschmecken. Sofort mit Zitronenspalten und Joghurt servieren.

Für einen Schinken-Bulgur-Pilaw 300 g gewürfelten mageren Kochschinken kurz anbraten und anstelle des Lachses verwenden. Die Stangenbohnen durch dieselbe Menge dicke Bohnen ersetzen und zusätzlich zu Schnittlauch und Petersilie noch 2 Esslöffel gehackte Minze unterheben.

Lamm-Hummus-Tortillas

Für **4 Personen**
Zubereitungszeit **30 Minuten** plus Marinierzeit
Kochzeit **12 Minuten**

500 g **Lammfilet**, in 1,5 cm dicke Scheiben geschnitten
abgeriebene Schale und Saft von 1 **unbehandelten Zitrone**
1 Zweig **Rosmarin**, Blätter abgezupft und gehackt
3 verschiedenfarbige **Paprika**, in Stücke geschnitten
1 kleine **Aubergine**, in Scheiben geschnitten
4 **Weizentortillas**

Hummus
1 Dose (410 g) **Kichererbsen**, abgespült und abgetropft
2 EL **Naturjoghurt**
2 EL **Zitronensaft**
1 EL gehackte **Petersilie**

Lammfleisch, Zitronenschale, Zitronensaft, Rosmarin und Paprika in eine Schüssel geben und gut vermengen. Abgedeckt an einem kühlen Ort 30 Minuten marinieren.

Unterdessen die Zutaten für das Hummus im Mixer 30 Sekunden zu einer gleichmäßigen Masse verarbeiten. In eine Schale füllen.

Eine Grillpfanne auf hoher Stufe erhitzen. Lamm-Paprika-Mischung und Aubergine darin (ggf. portionsweise) unter Rühren 3–4 Minuten gar braten.

Die Tortillas gemäß Packungsanweisung anwärmen. Lamm-Gemüse-Mischung und Hummus auf die Tortillas geben und darin einwickeln. Nach Wunsch mit etwas Rucola servieren.

Für Röstgemüse-Hummus-Tortillas 1 Aubergine, 1 rote Paprika, 2 Zucchini und 1 rote Zwiebel in Spalten schneiden, in einer Auflaufform mit etwas Olivenöl beträufeln und mit 1 Teelöffel gehacktem Thymian bestreuen. Im vorgeheizten Ofen bei 200 °C 45 Minuten weich rösten. Das Röstgemüse wie oben beschrieben mit dem Hummus auf die warmen Tortillas verteilen und darin einwickeln.

Filetstreifen mit Paprika und Reisnudeln

Für **4 Personen**
Zubereitungszeit **30 Minuten**
Kochzeit **10 Minuten**

150 g **Reisbandnudeln**
Distelölspray
3 **Frühlingszwiebeln**,
  in Ringe geschnitten
1 **rote Paprika**, gewürfelt
2 **Kaffirlimettenblätter**, in
  dünne Streifen geschnitten
2 **rote Chillies**, entkernt und
  in Streifen geschnitten
½ Stängel **Zitronengras**,
  fein gehackt
450 g **Schweinefilet**,
  in Streifen geschnitten
2 EL **Sojasauce**
175 ml **thailändische
  Fischsauce**
65 g **Palmzucker oder
  brauner Zucker**

Zum Garnieren
Blätter von rotem oder
  normalem Basilikum
Frühlingszwiebeln, längs in
  dünne Streifen geschnitten

Die Nudeln gemäß Packungsanweisung garen.

Den Wok oder eine große Pfanne erhitzen und dünn mit Öl besprühen. Frühlingszwiebeln, Paprika, Limettenblätter, Chillies und Zitronengras darin 1 Minute unter Rühren anbraten. Die Filetstreifen zugeben und bei starker Hitze unter Rühren 2 Minuten anbraten.

Sojasauce, Fischsauce, Zucker und abgetropfte Nudeln zufügen. Alles mit 2 Löffeln gut mischen und 2 Minuten erhitzen.

Mit Basilikumblättern und Frühlingszwiebelstreifen garniert sofort servieren.

Für Orangen-Honig-Filetstreifen mit Paprika Kaffirlimettenblätter, Zitronengras, Fischsauce und Zucker weglassen. Die Schweinefiletstreifen wie oben beschrieben mit Frühlingszwiebeln, roter Paprika und Chillies anbraten. Dann Sojasauce, abgeriebene Schale von 1 unbehandelten Orange und je 3 Teelöffel Honig und frisch ausgepressten Orangensaft zugeben. Die abgetropften Nudeln zufügen und wie oben beschrieben fortfahren. Mit Orangenspalten garniert servieren.

Zitronengras-Schellfischspieße

Für **4 Personen**
Zubereitungszeit **10 Minuten**
Backzeit **5 Minuten**

500 g grätenfreie **Schellfischfilets** ohne Haut, klein geschnitten
1 EL gehackte **Minze**
2 EL gehackter **Koriander**
2 TL **rote thailändische Currypaste**
2 **Kaffirlimettenblätter**, fein gehackt, oder abgeriebene Schale von 1 **unbehandelten Limette**
2 Stängel **Zitronengras**, längs geviertelt
Distelöl, zum Bestreichen

Zum Servieren
Chilisauce
4 **Limettenspalten**

Schellfisch, Minze, Koriander, Currypaste und Limettenblätter bzw. -schale im Mixer 30 Sekunden zu einer gleichmäßigen Masse verarbeiten.

Die Masse in 8 Portionen teilen und jeweils rund um einen Zitronengras-Spieß formen.

Mit etwas Öl bestreichen und unter dem vorgeheizten Backofengrill 4–5 Minuten gar grillen. Mit Chilisauce und Limettenspalten servieren.

Für Rosmarin-Schwertfischspieße den Schellfisch durch 500 g gräten- und hautfreie Schwertfischfilets ersetzen, statt des Zitronengrases 8 Rosmarinzweige verwenden und Currypaste und Koriander weglassen. Die Rosmarinzweige in Wasser einweichen. Schwertfisch, Minze und die abgeriebene Schale von 1 unbehandelten Zitrone im Mixer zu einer Masse verarbeiten. Mit Salz und Pfeffer würzen und rund um die Rosmarinzweige formen. Wie beschrieben grillen (freiliegenden Rosmarin ggf. durch Alufolie schützen) und mit Zitronenspalten servieren.

Bohneneintopf mit Petersilienpesto

Für **4 Personen**
Zubereitungszeit **15 Minuten**
Kochzeit **20 Minuten**

75 g **Pancetta**, gewürfelt
1 **Zwiebel**, gehackt
1 **Knoblauchzehe**, gehackt
1 EL gehackter **Thymian**
1 **Karotte**, gewürfelt
1 Dose (400 g) **Cannellinibohnen**, abgegossen und abgespült
1 Dose (400 g) **Tomatenstücke**
200 ml **Hühnerbrühe**
1 EL **Tomatenmark**
½ TL **Senfpulver**
Salz und Pfeffer
Parmesanspäne, zum Servieren

Petersilienpesto
20 g **glatte Petersilie**
1 **Knoblauchzehe**
25 g **Pinienkerne**, geröstet
1 EL natives **Olivenöl** extra

Eine große beschichtete Pfanne erhitzen und den Pancetta darin ohne Fett weich braten. Zwiebel, Knoblauch, Thymian und Karotte zugeben, dann Bohnen, Tomaten, Brühe, Tomatenmark und Senfpulver unterrühren. Mit Salz und Pfeffer würzen und 10 Minuten köcheln und eindicken lassen.

Unterdessen für den Pesto Petersilie, Knoblauch, Pinienkerne und Öl im Mixer zu einer Paste verarbeiten und mit Salz und Pfeffer würzen.

Den Bohneneintopf mit dem Petersilienpesto und Parmesanspänen servieren.

Für einen Petersilienpesto-Salat 200 g Langkornreis 12 Minuten weich kochen, dann abgießen, mit kaltem Wasser abschrecken und abtropfen lassen. 1 Dose (400 g) Cannellinibohnen abgießen, abspülen und zum Reis geben. 150 g halbierte Kirschtomaten, 1 gewürfelte rote Paprika und den Pesto zufügen und alles gut mischen.

Garnelen mit sautiertem Blattsalat

Für **4 Personen**
Zubereitungszeit **10 Minuten**
Kochzeit **5 Minuten**

Olivenölspray
20 rohe **Riesengarnelen**,
 nicht ausgelöst
1 **Knoblauchzehe**, gehackt
125 g **Flaschentomaten**,
 fein gewürfelt
50 g **Rucola**
50 g **junger Spinat**,
 dickere Stiele entfernt
50 g **Brunnenkresse**,
 dickere Stiele entfernt
1 EL **Zitronensaft**
Salz und Pfeffer

Einen großen Topf erhitzen und mit Öl besprühen. Garnelen und Knoblauch hineingeben, mit Salz und Pfeffer würzen und fest abgedeckt unter gelegentlichem Schütteln des Topfes 3 Minuten gar braten.

Tomaten, Rucola, Spinat und Brunnenkresse zufügen und unter Rühren zerfallen lassen. Mit dem Zitronensaft beträufeln, bei Bedarf nachwürzen und sofort servieren. Nach Wunsch dazu Baguette reichen.

Für Knoblauchpilze mit sautiertem Blattsalat
anstelle der Garnelen 350 g ganze kleine Champignons verwenden und wie oben beschrieben mit dem Knoblauch braten. Aus dem Topf nehmen, die Salate mit den Tomaten im Topf zerfallen lassen, dann die Pilze zurück in den Topf geben und kurz untermischen. Mit Zitronenschale und Petersilie bestreut servieren.

Hähnchen-Fajitas mit Tomatensalsa

Für **4 Personen**
Zubereitungszeit **15 Minuten** plus Kühlzeit
Koch- und Backzeit **10 Minuten**

1 EL **Olivenöl**
1 große **rote Zwiebel**, in dünne Spalten geschnitten
1 **rote Paprika**, in dünne Streifen geschnitten
1 **gelbe Paprika**, in dünne Streifen geschnitten
450 g **Hähnchenbrustfilets**, in dünne Streifen geschnitten
⅛ TL **Paprikapulver**
⅛ TL **Cayennepfeffer**
⅛ TL gemahlener **Kreuzkümmel**
¼ TL **Oregano**
4 **Weizentortillas**
½ **Eisbergsalat**, in dünne Streifen geschnitten

Tomatensalsa
1 kleine **rote Zwiebel**, fein gehackt
425 g kleine **Strauchtomaten**, fein gewürfelt
2 **Knoblauchzehen**, zerdrückt
1 Handvoll **Korianderblätter**, gehackt
Pfeffer

Für die Salsa Zwiebel, Tomaten, Knoblauch und Koriander in einer Schüssel mischen. Mit Pfeffer würzen und abgedeckt 30 Minuten kalt stellen.

Das Öl im Wok oder einer großen, beschichteten Pfanne erhitzen. Zwiebel und Paprikastreifen darin unter Rühren 3–4 Minuten anbraten. Hähnchenfleisch, Paprikapulver, Cayennepfeffer, Kreuzkümmel und Oregano zugeben und 5 Minuten braten, bis das Fleisch gar ist.

Unterdessen die Tortillas in Alufolie eingewickelt im Ofen 5 Minuten oder gemäß Packungsanweisung anwärmen.

Je ein Viertel der Hähnchenmischung in die Mitte der Tortillas geben, ein paar Esslöffel Salsa und etwas Eisbergsalat darauf verteilen. Aufrollen und warm servieren.

Für eine Avocadosalsa 2 reife Avocados schälen, fein würfeln und in eine Schüssel geben. 1 Dose (300 g) Augenbohnen abgießen, abspülen und zufügen. 4 gewürfelte Flaschentomaten, 1 fein gehackte rote Zwiebel, 2 Esslöffel gehackten Koriander und abgeriebene Schale und Saft von 1 unbehandelten Limette unterrühren.

Chinesische Hühner-Paprika-Pfanne

Für **4 Personen**
Zubereitungszeit **10 Minuten**
Kochzeit **18 Minuten**

5-cm-Stück **frischer Ingwer**, gerieben
2 **Knoblauchzehen**, gehackt
2 **Sternanisfrüchte**
5 EL **Teriyaki-Sauce**
3 **Hähnchenbrustfilets**, gewürfelt
Olivenölspray
½ **rote Paprika**, in Streifen geschnitten
½ **grüne Paprika**, in Streifen geschnitten
½ **gelbe Paprika**, in Streifen geschnitten
2 **Frühlingszwiebeln**, in Ringe geschnitten
300 g **Langkornreis**
600 ml **Hühnerbrühe**

Ingwer, Knoblauch, Sternanisfrüchte und Teriyaki-Sauce verrühren. Die Hähnchenwürfel hineingeben, gut umrühren und 10 Minuten marinieren.

Unterdessen eine Pfanne erhitzen und dünn mit Öl besprühen. Die Paprikastreifen darin auf mittlerer Stufe 3 Minuten anbraten. Frühlingszwiebeln, Reis und Hähnchenwürfel mitsamt Marinade zufügen. Die Brühe angießen, alles mit Salz und Pfeffer würzen und 15 Minuten köcheln lassen. Heiß servieren.

Für Schweinefleisch mit grüner Paprika und Litschis die Hähnchenfilets durch 450 g gewürfeltes Schweinefleisch ersetzen. Rote und gelbe Paprika weglassen und stattdessen insgesamt 1½ grüne in Streifen geschnittene Paprika verwenden. 1 Dose (400 g) Litschis abtropfen lassen und zusammen mit Frühlingszwiebeln, Reis und Fleisch in die Pfanne geben.

Zucchini-Frittata mit Minze

Für **4 Personen**
Zubereitungszeit **10 Minuten**
Koch- und Backzeit
  12–14 Minuten

4 TL **Olivenöl**
1 **rote Zwiebel**, in dünne
  Spalten geschnitten
375 g **Zucchini**, gewürfelt
6 **Eier**
2 EL gehackte **Minze**
Salz und Pfeffer

Das Öl in einer großen beschichteten Pfanne mit feuerfestem Griff erhitzen. Zwiebel und Zucchini darin auf niedriger Stufe 5 Minuten leicht bräunen und gerade gar braten.

Eier, 2 Esslöffel Wasser, Minze und etwas Salz und Pfeffer verquirlen. Die Eimischung in die Pfanne geben und ohne Rühren 4–5 Minuten braten, bis die Frittata fast gestockt und die Unterseite goldbraun ist.

Die Frittata unter den vorgeheizten Backofengrill schieben und 3–4 Minuten backen, bis auch die Oberseite goldbraun ist. In Keile oder Quadrate schneiden und nach Wunsch mit einem gemischten Salat servieren.

Für eine Zucchini-Frittata mit Schinken und Oliven

200 g gewürfelten Kochschinken und 50 g halbierte entsteinte schwarze Oliven zusammen mit Zwiebel und Zucchini in die Pfanne geben. Wie oben beschrieben braten. Dazu einen Kirschtomatensalat mit Basilikum auf Blattsalaten servieren.

Kichererbsentopf mit Rösttomaten

Für **4 Personen**
Zubereitungszeit **10 Minuten**
Koch- und Backzeit
  ca. **30 Minuten**

3 **Knoblauchzehen**,
  zerdrückt
3 **Rosmarinzweige**
1 kg kleine **Strauchtomaten**,
  halbiert
Olivenölspray
1 **Gemüsezwiebel**, gehackt
2 EL gehackter **Rosmarin**
1 **rote Chili**, entkernt und
  gehackt
50 ml **Gemüsebrühe**
2 Dosen (je 410 g)
  Kichererbsen, abge-
  gossen und abgespült
Salz und Pfeffer

Knoblauch, Rosmarinzweige und Tomaten mischen. In einer Auflaufform verteilen und im vorgeheizten Ofen bei 200 °C 30 Minuten rösten.

Unterdessen einen Schmortopf dünn mit Öl besprühen und die Gemüsezwiebel darin 10 Minuten andünsten. Gehackten Rosmarin, Chili, Brühe und Kichererbsen zufügen, mit Salz und Pfeffer würzen und abgedeckt im Ofen 20 Minuten bzw. bis zum Ende der Röstzeit der Tomaten köcheln lassen.

Die gerösteten Tomaten mitsamt Saft zur Kichererbsenmischung geben und gut umrühren. Bei Bedarf nachwürzen und nach Wunsch mit Ofenkartoffeln und einem grünen Salat servieren.

Für einen Kichererbsentopf mit Wurst und Gemüse 4 kleine in Scheiben geschnittene Zucchini zusammen mit der Zwiebel andünsten. 4 Schweinsbratwürstchen grillen, in Scheiben schneiden und mit den gerösteten Tomaten unter die Kichererbsen mischen. Mit grünen Blattsalaten servieren.

Gegrilltes Lamm mit Kapernäpfeln

Für **4 Personen**
Zubereitungszeit **10 Minuten**
Backzeit **10 Minuten**

4 **Lammscheiben aus der Keule,** je 125 g, Fett entfernt
6 EL gehackte **glatte Petersilie,** plus zusätzliche ganze Zweige zum Garnieren
1 **Knoblauchzehe,** zerdrückt
12 **getrocknete Tomaten in Öl,** abgetropft
1 EL **Zitronensaft**
1 EL **Olivenöl**
2 EL **Kapernäpfel,** abgespült
Salz und Pfeffer

Das Lammfleisch würzen und unter dem vorgeheizten Backofengrill auf jeder Seite 5 Minuten goldbraun und gar grillen.

2 Esslöffel gehackte Petersilie, Knoblauch, Tomaten, Zitronensaft und Öl im Mixer fein hacken.

Die Tomatenmischung über die gegrillten Lammscheiben geben und mit der restlichen gehackten Petersilie bestreuen. Mit den Kapernäpfeln und mit Petersilienzweigen garniert servieren. Nach Wunsch dazu Nudeln reichen.

Für gegrilltes Lamm mit Tapenade die Tomatenmischung durch eine Oliven-Tapenade ersetzen: Dafür 150 g entsteinte schwarze Oliven, 3 Esslöffel natives Olivenöl extra, 1 Knoblauchzehe, 2 Sardellenfilets, 6 Esslöffel gehackte glatte Petersilie und schwarzen Pfeffer nach Geschmack im Mixer zu einer glatten Paste verarbeiten.

Sesamthunfisch auf pikanten Nudeln

Für **4 Personen**
Zubereitungszeit **10 Minuten**
Kochzeit **10 Minuten**

300 g **Reis-Vermicelli** (Fadennudeln)
4 **Thunfischsteaks**, je 150 g
50 g **Sesamkörner**

Chillidressing
2 **Knoblauchzehen**, gehackt
5-cm-Stück **frischer Ingwer**, gerieben
4 EL **Chilisauce**
20 g **gehackter Koriander**, plus zusätzliche ganze Blätter zum Garnieren
2 EL **Öl**
1 **Chili**, gehackt
2 EL **Sesamöl**
2 EL **Reisessig**

Für das Dressing alle Zutaten gut verrühren. Unterdessen die Nudeln gemäß Packungsanweisung garen und beiseite stellen.

Die Thunfischsteaks im Sesam panieren und die Körner gut andrücken. Eine große, schwere Pfanne erhitzen und die Steaks darin ohne Fett auf jeder Seite je nach Dicke 1–2 Minuten braten (sie sollten in der Mitte noch rosa sein).

Die Steaks in dünne Scheiben schneiden. Das Dressing über die heißen Nudeln geben und den aufgeschnittenen Thunfisch darauf anrichten. Mit Korianderblättern garniert sofort servieren.

Für Sesamtofu mit Shiitake-Pilzen den Thunfisch durch 2 Stücke (je 250 g) Tofu ersetzen, wie oben beschrieben im Sesam panieren und braten. Aus der Pfanne nehmen und aufschneiden. Danach 250 g Shiitake-Pilze und 2 gehackte Frühlingszwiebeln in der Pfanne anbraten. Das Dressing über die Nudeln geben, Pilze und aufgeschnittenen Tofu darauf anrichten und sofort servieren.

Pizza mit Schinken und Rucola

Für **4 Personen**
Zubereitungszeit **10 Minuten**
Backzeit **10 Minuten**

4 **Mini-Pizzaböden**
2 **Knoblauchzehen**, halbiert
250 g **fettreduzierter Mozzarella**, in Streifen geschnitten
8 **Kirschtomaten**, geviertelt
150 g **Prosciutto-Scheiben**
50 g **Rucola**
Balsamico, nach Geschmack
Salz und Pfeffer

Die Oberseite der Pizzaböden mit den Schnittflächen der Knoblauchzehen einreiben.

Die Pizzaböden auf ein Backblech legen, Mozzarella und Tomaten daraufgeben und im vorgeheizten Ofen bei 200 °C 10 Minuten backen, bis der Teig goldbraun ist.

Prosciutto-Scheiben und Rucola auf die Pizzen verteilen. Nach Geschmack mit Salz, Pfeffer und Balsamico würzen und sofort servieren.

Für Thunfisch-Pizza mit Ananas 1 Dose (220 g) Ananas abgießen und klein schneiden und 1 Dose (160 g) Thunfisch in Wasser abgießen und in Stücke zupfen. Die Pizzaböden mit Ananas und Thunfisch belegen, mit Mozzarella und Tomaten bestreuen und wie oben beschrieben backen.

Garnelen-Wrap mit Mango und Avocado

Für **4 Personen**
Zubereitungszeit **10 Minuten** plus Ruhezeit

2 EL **saure Sahne**
2 TL **Tomatenketchup**
einige Tropfen **Tabasco**, nach Geschmack
300 g gekochte ausgelöste **Garnelen**
1 **Mango**, in Scheiben geschnitten
1 **Avocado**, in Scheiben geschnitten
4 **Weizentortillas**
100 g **Brunnenkresse**

Saure Sahne, Ketchup und Tabasco in einer Schüssel verrühren.

Garnelen, Mango und Avocado hineingeben und vorsichtig umrühren.

Die Mischung auf die Tortillas verteilen und einige Zweige Brunnenkresse daraufgeben. Die Tortillas aufrollen und servieren.

Für pikante Hähnchen-Wraps 300 g Hähnchenbrustfilets in einer Mischung aus 1 Esslöffel Zitronen- oder Limettensaft, 1 Esslöffel Worcestersauce und 1 zerdrückten Knoblauchzehe 20 Minuten marinieren. Das Fleisch auf der mittleren Schiene unter dem vorgeheizten Backofengrill unter häufigem Wenden 10 Minuten gar grillen. In Streifen schneiden und anstelle der Garnelen verwenden.

Für besondere Anlässe

Schwertfisch mit Couscous

Für **4 Personen**
Zubereitungszeit **10 Minuten**
Kochzeit **10 Minuten**

4 **Schwertfischsteaks**, je 150 g
4–5 kleine reife **Tomaten**
16 **Kalamata-Oliven** in Lake, abgetropft
2 EL gehackte **glatte Petersilie**
Salz und Pfeffer
200 g **Couscous**

Die Schwertfischsteaks salzen und pfeffern.

Die Tomaten würfeln oder vierteln und mitsamt Saft in eine Schüssel geben. Die Oliven entsteinen, klein schneiden und zu den Tomaten geben. Die Petersilie unterrühren, alles mit Salz und Pfeffer würzen und beiseite stellen.

Den Couscous gemäß Packungsanweisung garen und beiseite stellen.

Unterdessen die Schwertfischsteaks paarweise in der heißen Grillpfanne garen: auf der ersten Seite 4 Minuten ungestört braten lassen, dann wenden und die andere Seite 1 Minute braten.

Den Schwertfisch mit Couscous und Tomaten-Oliven-Salsa anrichten und sofort servieren. Nach Wunsch dazu einen grünen Salat reichen.

Für Seehecht mit Nudeln und Salsa den Couscous durch 200 g Tagliatelle oder kleine kurze Nudeln ersetzen und gemäß Packungsanweisung garen. Den Schwertfisch durch 4 Seehechtfilets ersetzen und wie oben beschrieben braten. Die gekochten Nudeln mit gehackter Petersilie und 1 Handvoll gehackten Kapern mischen. Seehecht, Nudeln und Salsa wie oben beschrieben anrichten.

Japanischer Reis mit Nori

Für **4 Personen**
Zubereitungszeit **10 Minuten**
Kochzeit **15 Minuten**

225 g **japanischer Sushi- oder Klebreis**
2 EL **schwarze oder weiße Sesamkörner**
1 TL **grobes Salz**
1 EL **Erdnuss- oder Pflanzenöl**
2 **Eier**, verquirlt
4 **Frühlingszwiebeln**, in dünne Ringe geschnitten
1 **rote Chili**, entkernt und in Ringe geschnitten
4 EL **Sushi-Essig**
2 TL **Zucker**
1 EL **helle Sojasauce**
25 g **eingelegter japanischer Ingwer**
2 geröstete **Nori-Blätter** (Seetang)

Den Reis und 400 ml Wasser in einem Topf zum Kochen bringen, herunterschalten und ohne Deckel 5 Minuten köcheln lassen, bis der Reis das ganze Wasser aufgenommen hat. Abgedeckt 5 Minuten beiseite stellen und ausquellen lassen.

Unterdessen Sesam und Salz in eine Pfanne geben und auf niedriger Stufe 2 Minuten erhitzen und rösten. Herausnehmen und beiseite stellen.

Das Öl in der Pfanne erhitzen. Die Eier hineingeben und bei schwacher Hitze stocken lassen. Das Omelett auf einen Teller gleiten lassen, aufrollen und in dünne Streifen schneiden.

Den gekochten Reis in eine Schüssel geben. Frühlingszwiebeln, Chili, Sushi-Essig, Zucker, Sojasauce, Ingwer und die Hälfte des Sesams unterrühren. 1 Nori-Blatt über den Reis krümeln, die Omelettstreifen zugeben und alles vorsichtig mischen.

Den Reis auf einer Platte anrichten. Das restliche Nori-Blatt darüberkrümeln und mit dem restlichen Sesam bestreut sofort servieren.

Für Soba-Nudeln mit Huhn den Reis durch 200 g gemäß Packungsanweisung gegarte Soba-Nudeln ersetzen. Das Omelett weglassen und stattdessen 200 g gegarte Hähnchenbruststreifen im Öl anbraten.

Barschfilet mit Rösttomatensauce

Für **4 Personen**
Zubereitungszeit **10 Minuten**
Koch- und Backzeit
  30 Minuten

8 **Flaschentomaten**, halbiert
2 EL **Zitronensaft**
abgeriebene Schale von
  1 **unbehandelten Zitrone**,
  plus zusätzliche zum
  Garnieren
4 **Wolfsbarschfilets**, je 150 g
2 EL gehacktes **Basilikum**
2 EL natives **Olivenöl** extra
Salz und Pfeffer

Zum Garnieren
Basilikumblätter
Zitronenspalten

Die Sauce kann bis zu 2 Tage im Voraus zubereitet werden: Die Tomaten in einer Auflaufform mit Salz und Pfeffer würzen und im vorgeheizten Ofen bei 200 °C 20 Minuten rösten.

Den gesamten Inhalt der Auflaufform in einen Topf geben, Zitronensaft und Zitronenschale zufügen und kurz erhitzen. Die Sauce abschmecken und beiseite stellen.

Die Fischfilets mit Salz und Pfeffer würzen und unter dem vorgeheizten Backofengrill 10 Minuten grillen.

Unterdessen ggf. die Sauce erhitzen. Gehacktes Basilikum und Öl unterrühren. Die Sauce über den gegrillten Fisch geben, mit Basilikumblättern und Zitronenschale garnieren und mit Zitronenspalten servieren.

Für Riesengarnelen in Rösttomatensauce die Wolfsbarschfilets durch 16 rohe ausgelöste Riesengarnelen ersetzen. Die Garnelen in einer mit etwas Öl eingesprühten Pfanne rosa und gar braten. Die Sauce wie oben beschrieben zubereiten, über die gebratenen Garnelen geben und sofort servieren.

Lachs auf Petersilienlinsen

Für **4 Personen**
Zubereitungszeit **15 Minuten**
Koch- und Backzeit
  35 Minuten

200 g **Puy-Linsen**
1 **Lorbeerblatt**
200 g **Keniabohnen**, klein geschnitten
25 g **glatte Petersilie**, gehackt
2 EL **Dijon-Senf**
2 EL **Kapern**, abgespült und gehackt
2 EL **Olivenöl**
2 **unbehandelte Zitronen**, in dünne Scheiben geschnitten
500 g **Lachsfilets**
1 **Fenchel**, in dünne Streifen geschnitten
Salz und Pfeffer
Dillzweige, zum Garnieren

Linsen und Lorbeerblatt in einen Topf geben, mit kaltem Wasser bedecken (nicht salzen) und zum Kochen bringen. Herunterschalten und 30 Minuten weich köcheln. Mit Salz und Pfeffer würzen, die Bohnen zugeben und 1 Minute köcheln lassen. Alles abgießen und das Lorbeerblatt entfernen. Petersilie, Senf, Kapern und Öl zur Linsenmischung geben und unterrühren.

Unterdessen die Zitronenscheiben auf einen Grillrost legen, den Lachs darauflegen und die Fenchelstreifen darübergeben. Mit Salz und Pfeffer würzen und unter dem vorgeheizten Backofengrill 10 Minuten grillen, bis der Lachs gar ist.

Das Linsengemüse auf Tellern anrichten, Fenchel und Lachs daraufgeben und mit Dill garniert servieren.

Für Schweineschnitzel mit Linsengemüse die Puy-Linsen wie oben beschrieben zubereiten und den Lachs durch 4 Schweineschnitzel ersetzen. Die Schnitzel wie oben beschrieben grillen, jedoch den Fenchel weglassen. Unterdessen 2 Selleriestangen in dünne Scheiben schneiden und mit etwas Walnussöl mischen. Die gegrillten Schnitzel auf dem Linsengemüse anrichten und den Sellerie darübergeben.

Seeteufelspieß mit Pestobohnen

Für **4 Personen**
Zubereitungszeit **10 Minuten**
Koch- und Backzeit
  10–15 Minuten

500 g **Seeteufelfilet**,
  in 12 Stücke geschnitten
12 Scheiben **Parmaschinken**
12 **Kirschtomaten**
2 **gelbe Paprika**, in je
  6 Spalten geschnitten
2 EL **Olivenöl**
1 Dose (300 g) **Cannellinibohnen**, abgespült und abgetropft
4 EL **küchenfertiger Pesto**

4 Holzspieße in warmem Wasser einweichen. Die Fischstücke in je 1 Schinkenscheibe einwickeln und abwechselnd mit Kirschtomaten und Paprikaspalten auf die Holzspieße stecken. Mit Öl bestreichen und unter dem vorgeheizten Backofengrill 3–4 Minuten braten, dann die Spieße wenden und weitere 3 Minuten gar braten.

Die Bohnen in einem beschichteten Topf unter Rühren auf niedriger Stufe 4–5 Minuten erhitzen. Den Pesto unterrühren.

Die Pestobohnen auf 4 Teller verteilen, die Spieße darauf anrichten und sofort servieren.

Für Jakobsmuscheln mit grünen Bohnen den Seeteufel durch 16 Jakobsmuscheln ersetzen. Die Muscheln in Schinkenstücke einwickeln und mit den Tomaten aufspießen, die Paprika weglassen. Wie oben beschrieben grillen. Anstelle der Cannellinibohnen 250 g grüne Bohnen blanchieren und dann wie oben beschrieben zubereiten. Sofort mit knusprigem Baguette servieren.

Lamm mit Paprika-Reisfüllung

Für **4 Personen**
Zubereitungszeit **40 Minuten**
Backzeit **1 Stunde 20 Minuten**

2 **rote Paprika**, halbiert
50 g **Wildreis**, gekocht
5 **Knoblauchzehen**, gehackt
5 **getrocknete Tomaten**, gehackt
2 EL gehackte **glatte Petersilie**
625 g **entbeinte Lammkeule**
Salz und Pfeffer
4 **Artischockenherzen**, halbiert

Die Paprikahälften mit der Haut nach oben in einen Bräter legen und im vorgeheizten Backofen bei 180 °C 20 Minuten rösten, bis die Haut schwarz ist und Blasen wirft. Mit feuchtem Küchenpapier abgedeckt beiseite stellen. Wenn die Paprika soweit abgekühlt sind, dass man sie anfassen kann, die Haut abziehen und das Fleisch klein schneiden. (Den Ofen eingeschaltet lassen.)

Reis, Knoblauch, Tomaten, Petersilie und die Hälfte der Röstpaprika mischen und mit Salz und Pfeffer würzen.

Die Lammkeule auf ein Brett legen und waagerecht sehr tief einschneiden, um eine Höhle für die Füllung zu machen. Die Oberseite nach hinten klappen, die Reismischung hineingeben und die Oberseite zurückfalten. Mit Zahnstochern feststecken.

Das gefüllte Lamm unter häufigem Begießen 1 Stunde im Ofen gar backen, dabei 15 Minuten vor Ende der Backzeit Artischocken und restliche Paprika zugeben. Das Lamm aufschneiden und sofort servieren. Nach Wunsch dazu geröstete Kartöffelchen reichen.

Für ein Koriander-Minze-Lamm abgeriebene Schale und Saft von 1 unbehandelten Limette, 2 fein gehackte Frühlingszwiebeln, je 2 Esslöffel gehackten Koriander und gehackte Minze, 2 Esslöffel Olivenöl und 2 fein gehackte Knoblauchzehen mischen und mit Salz und Pfeffer würzen. Über die aufgeklappte Lammkeule geben, aufrollen, mit Zahnstochern befestigen und wie oben beschrieben backen.

Asia-Wraps mit Sesam-Ingwer-Sauce

Für **4 Personen**
Zubereitungszeit **15 Minuten**
Kochzeit **5–10 Minuten**

Sesam-Ingwer-Sauce
1 **Knoblauchzehe**, gehackt
5-cm-Stück **frischer Ingwer**, grob gehackt
3 EL **brauner Zucker**
4 TL **Sojasauce**
5 TL **Wein- oder Reisessig**
2 EL **Tomatenmark**
2 EL **Sesamkörner**, plus zusätzliche zum Garnieren

Wraps
8 **Reispapierplatten**
2 **Karotten**
100 g **Bohnensprossen**
1 kleine Handvoll **Minze**, grob gehackt
1 **Selleriestange**, in dünne Scheiben geschnitten
4 **Frühlingszwiebeln**, diagonal in dünne Ringe geschnitten
1 EL **Sojasauce**

Für die Sauce alle Zutaten mit Ausnahme des Sesams im Mixer zu einer dünnen Paste verarbeiten. Alternativ den Knoblauch zerdrücken, den Ingwer reiben und beides mit den übrigen Zutaten verrühren. Den Sesam untermischen und die Sauce in eine Schale füllen.

Die Reispapierplatten gemäß Packungsanweisung einweichen. Die Karotten in dünne Stifte schneiden und mit Bohnensprossen, Minze, Sellerie, Frühlingszwiebeln und Sojasauce mischen.

Die Gemüsemischung auf die Mitte der Reisplatten geben. Den unteren Rand zur Mitte falten, dann von einer Seite her aufrollen, sodass eine Tüte entsteht.

Die Wraps im Dampftopf 5 Minuten dämpfen und durcherhitzen. Alternativ die Wraps auf einen Rost über kochendes Wasser legen und mit Alufolie abgedeckt erhitzen. Mit zusätzlichem Sesam garnieren und sofort mit der Sesam-Ingwer-Sauce servieren.

Für Asia-Wraps mit Pflaumen-Wasabi-Sauce

250 g entsteinte, klein geschnittene Pflaumen mit 2 Esslöffeln Wasser abgedeckt in einem Topf weich kochen. Pflaumen und 1 Esslöffel Sojasauce glatt pürieren, dann Wasabipaste und Zucker nach Geschmack unterrühren. Die Wraps wie oben beschrieben zubereiten und mit der Pflaumen-Wasabi-Sauce beträufelt servieren.

Limetten-Chili-Hähnchenstücke

Für **4 Personen**
Zubereitungszeit
 15–20 Minuten
 plus Marinierzeit
Koch- und Backzeit
 10 Minuten

4 **Hähnchenbrustfilets**,
 je 125 g
4 **unbehandelte Limetten**
2 **Knoblauchzehen**, gehackt
2 EL gehackte **getrocknete oder frische rote Chillies**
50 ml **Distelöl**
200 g **Reisnudeln**
Korianderblätter,
 zum Garnieren
Salz und Pfeffer

12 Holzspieße in warmem Wasser einweichen. Die Hähnchenfilets in Streifen oder Würfel schneiden.

Die Schale von 2 Limetten abreiben und den Saft auspressen. Limettenschale, Limettensaft, Knoblauch, Chillies und Öl verrühren. Das Fleisch hineingeben, mit Salz und Pfeffer würzen, alles gut vermischen und 1 Stunde marinieren.

Die marinierten Hähnchenstücke auf die Spieße stecken. Die restlichen Limetten halbieren. Hähnchenspieße und Limettenhälften unter dem vorgeheizten Backofengrill oder in der heißen Grillpfanne 10 Minuten braten.

Unterdessen die Nudeln gemäß Packungsanweisung garen.

Die Hähnchenstücke von den Spießen lösen, mit Nudeln und karamellisierten Limettenhälften anrichten und alles mit Koriander garniert servieren.

Für Hähnchen Tikka 1 Zwiebel, 1 große entkernte Chili, ein 2-cm-Stück frischen Ingwer und 2 Knoblauchzehen fein hacken und in eine Schüssel geben. 150 g fettarmen Naturjoghurt, 3 Teelöffel milde Currypaste und 4 Esslöffel gehackten Koriander unterrühren. Das Hähnchenfleisch darin marinieren, dann wie oben beschrieben aufspießen, grillen und servieren.

Lammfilet mit Röstgemüse

Für **4 Personen**
Zubereitungszeit **20 Minuten**
Koch- und Backzeit
 35–45 Minuten

500 g gleich große **neue Kartöffelchen**
1 EL gehackter **Rosmarin**
400 g **Lammfilet**, gewürfelt
3 **Knoblauchzehen**, halbiert
1 Dose (390 g) **Artischockenherzen**, abgegossen, abgespült und halbiert
1 **rote Paprika**, geviertelt
200 g dünne **Porreestangen**, klein geschnitten
Salz

Die ungeschälten Kartöffelchen in einem Topf mit reichlich leicht gesalzenem Wasser zum Kochen bringen. Sofort abgießen und mit dem Rosmarin mischen.

Kartöffelchen, Lammwürfel, Knoblauch, Artischocken und Paprika in eine Auflaufform geben. Abgedeckt im vorgeheizten Ofen bei 180 °C 30–40 Minuten backen, bis das Fleisch gar und die Schale der Kartöffelchen zartbraun ist. Unterdessen den Porree dämpfen, bis er weich ist.

Lammfilet, Röstgemüse und Porree auf Tellern anrichten und mit dem Bratensaft aus der Form beträufelt servieren.

Für gebackenes Kräuterlamm das gewürfelte Filet vor dem Backen mit 6–8 Esslöffeln Zitronensaft, je ¼ Teelöffel getrocknetem Oregano und Thymian, den abgezupften Blättern von 2 Oreganozweigen, 4 Zitronenthymianzweigen und Salz und Pfeffer würzen.

Asiatisch mariniertes Schweinefilet

Für **4 Personen**
Zubereitungszeit **5 Minuten**
  plus Marinierzeit
Koch- und Backzeit
  20 Minuten

2 **Schweinefilets**, je 250 g
1 EL **Leinsamen**
150 ml **trockener Weißwein**

**Asiatische Soja-
  Knoblauch-Marinade**
1 **Zimtstange**
2 EL **Sojasauce**
2 **Knoblauchzehen**,
  zerdrückt
1 TL frisch geriebener
  Ingwer
1 EL **Honig**
1 TL zerstoßene
  Koriandersamen
1 TL **Sesamöl**

Für die Marinade alle Zutaten verrühren. Die Schweinefilets in eine flache Schüssel legen, gut mit der Marinade bedecken und mindestens 2–3 Stunden oder bevorzugt über Nacht marinieren.

Die Filets abtropfen lassen (die Marinade aufbewahren), rundum mit dem Leinsamen bestreuen und die Körner gut andrücken.

Eine feuerfeste Pfanne auf hoher Stufe erhitzen. Die Filets darin kurz scharf anbraten, dann im vorgeheizten Ofen bei 180 °C 18–20 Minuten fertig garen.

Unterdessen die Zimtstange aus der Marinade nehmen und die Flüssigkeit in einen beschichteten Topf geben. Den Wein zugießen und zum Kochen bringen. Herunterschalten und auf die Konsistenz einer klebrigen Glasur einköcheln lassen. Vom Herd nehmen und beiseite stellen.

Die Filets aus dem Ofen nehmen und in 5 mm dicke Scheiben schneiden. Auf einem Bett aus gedämpftem Gemüse, wie z. B. Pak-Choi-Kohl oder Spinat, anrichten und mit der Glasur beträufelt servieren.

Für Schweinefilet mit Orangenmarinade die abgeriebene Schale von 1 unbehandelten Orange, 3 zerdrückte Knoblauchzehen, zerstoßene Samen von 8 Kardamomkapseln, 1 Teelöffel Öl und etwas Salz und Pfeffer verrühren. Das Filet wie oben beschrieben marinieren und braten.

Tomatengarnelen mit Zitrone

Für **4 Personen**
Zubereitungszeit **10 Minuten**
Kochzeit **30–40 Minuten**

Olivenölspray
1 **Zwiebel**, gehackt
2 **Knoblauchzehen**,
  fein gehackt
1 **Karotte**, fein gehackt
1 **Selleriestange**,
  fein gehackt
25 ml **Weißwein**
1 Dose (400 g)
  Tomatenstücke
300 g rohe große **Garnelen**,
  ausgelöst
abgeriebene Schale von
  1 unbehandelten **Zitrone**
750 g neue **Kartoffeln**,
  ungeschält und in gleich
  große Stücke geschnitten
1 EL **Olivenöl**
50 g **Rucola**, zum Garnieren
Salz und Pfeffer

Einen mittelgroßen Topf dünn mit Öl besprühen. Zwiebel, Knoblauch, Karotte und Sellerie darin auf niedriger Stufe 15 Minuten weich dünsten (falls der Topf zu trocken wird, ein paar Tropfen Wasser zugeben). Hochschalten und den Wein unterrühren. Die Tomaten zufügen, herunterschalten und 10 Minuten köcheln lassen, bis die Sauce glatt und dick ist.

Die Garnelen in die Sauce geben und 3–4 Minuten gerade gar kochen. Die Hälfte der Zitronenschale unterrühren.

Unterdessen die Kartoffeln weich dämpfen, dann mit Öl, Pfeffer und restlicher Zitronenschale mischen. Die Zitronenkartoffeln mit den Tomatengarnelen anrichten und mit dem Rucola garniert servieren.

Für Tomatenschellfisch mit Eiern anstelle der Garnelen 400 g geräucherten Schellfisch pochieren und in mundgerechte Stücke teilen. Die Tomatensauce wie oben beschrieben zubereiten, dann Schellfischstücke und 4 hart gekochte geviertelte Eier unterheben. Mit Nudeln und mit 1 Handvoll Petersilie bestreut servieren.

Hähnchenbrust auf Pestopolenta

Für **4 Personen**
Zubereitungszeit **15 Minuten**
Koch- und Backzeit
  10 Minuten

4 **Hähnchenbrustfilets**,
  je 125 g
25 g **Basilikumblätter**
2 EL **Olivenöl**
2 EL **Pinienkerne**, geröstet
1 **Knoblauchzehe**, geschält
2 EL geriebener **Parmesan**
25 g **Rucola**
200 g **Instant-Polenta**
Salz und Pfeffer

Die Hähnchenfilets waagerecht halbieren und alle Stücke würzen.

Für den Pesto Basilikum, Öl, Pinienkerne, Knoblauch, Parmesan und Rucola im Mixer zerkleinern, dann beiseite stellen.

Die Hähnchenstücke unter dem vorgeheizten Backofengrill 5–7 Minuten grillen, bis sie gerade gar und noch saftig sind.

Unterdessen die Polenta in 800 ml leicht gesalzenes kochendes Wasser einrühren und unter ständigem Rühren 2 Minuten kochen lassen. Den Pesto vorsichtig unterziehen.

Die gegrillten Hähnchenstücke auf der Pestopolenta anrichten.

Für Hähnchenbrust auf Pesto-Wurzelpüree
anstelle der Polenta 500 g Kartoffeln und je 250 g Steckrüben und Karotten weich kochen und zu einer cremigen Konsistenz zerstampfen. Den Pesto unter das Wurzelpüree ziehen.

Gelbe Erbsen-Paprika-Bratlinge

Für **4 Personen**
Zubereitungszeit
 10–15 Minuten
 plus Kühlzeit
Koch- und Backzeit
 40–50 Minuten

3 **Knoblauchzehen**
250 g gelbe **Schälerbsen**
750 ml **Hühnerbrühe**
Olivenölspray
2 **rote Paprika**, halbiert
1 **gelbe Paprika**, halbiert
1 **rote Zwiebel**, geviertelt
1 EL gehackte **Minze**
2 EL **Kapern**, abgespült und gehackt
Mehl, zum Bestäuben
Salz und Pfeffer
küchenfertiger **Zaziki** oder **Raita**, zum Servieren

Eine Knoblauchzehe schälen, halbieren und in einen Topf geben. Erbsen und Brühe zufügen und 40 Minuten kochen. Bei Bedarf nachwürzen und alles leicht abkühlen lassen.

Unterdessen eine Auflaufform dünn mit Öl besprühen. Restliche Knoblauchzehen, Paprika und Zwiebel darin im vorgeheizten Ofen bei 200 °C 20 Minuten rösten. Den gerösteten Knoblauch aus der Schale drücken und das Röstgemüse fein würfeln.

Erbsen, Röstknoblauch, Röstgemüse, Minze und Kapern mischen. Die Masse mit bemehlten Händen zu Bratlingen formen und bis zum Braten kalt stellen.

Eine Pfanne erhitzen und mit Öl besprühen. Die Bratlinge darin, ggf. portionsweise, auf jeder Seite 2 Minuten ungestört braten lassen. Mit Minzeblättern garniert heiß oder kalt servieren. Dazu ein Schälchen Zaziki bzw. Raita reichen.

Für hausgemachten Zaziki ½ fein gehackte Gurke, 1 zerdrückte Knoblauchzehe, 2 Esslöffel gehackte Minze und 300 g Joghurt verrühren

Paprika-Hühnertopf mit Rotwein

Für **4 Personen**
Zubereitungszeit **15 Minuten**
Koch- und Backzeit
  30–40 Minuten

1 **Knoblauchknolle**
625 g **neue Kartoffeln**,
  ungeschält
1 EL gehackter **Rosmarin**
2 EL **Olivenöl**
4 **Hähnchenbrustfilets**,
  je 150 g, gewürfelt
1 **Gemüsezwiebel**, gehackt
1 **rote Paprika**, fein gehackt
1 **Lorbeerblatt**
3 **Thymianzweige**
1 EL **Pimentón**
  (geräuchertes
  Paprikapulver)
400 ml **Rotwein**
250 ml **Hühnerbrühe**
Salz und Pfeffer

Die ganze Knoblauchknolle im vorgeheizten Backofen bei 200 °C 30 Minuten rösten. Gleichzeitig die Kartoffeln mit etwas Rosmarin und Salz 30 Minuten im Ofen weich und goldbraun rösten.

Das Öl in einem Topf erhitzen und das Hähnchenfleisch darin goldbraun anbraten. Zwiebel, Paprika, Lorbeerblatt, Thymianzweige und Pimentón zufügen, mit Salz und Pfeffer würzen und unter häufigem Rühren braten, bis das Gemüse weich ist. Wein und Brühe zugießen und 20 Minuten eindicken lassen.

Den gerösteten Knoblauch zehenweise aus der Schale drücken und nach Geschmack zur Hähnchenmischung geben. Bei Bedarf mit Pfeffer nachwürzen.

Lorbeerblatt und Thymianzweige entfernen. Den Hühnertopf mit den gerösteten Kartoffeln und nach Wunsch mit Zucchini und Karotten oder in Streifen geschnittenem Weißkohl servieren.

Für einen Pancetta-Pilztopf mit Rotwein das Hähnchenfleisch durch 200 g gewürfelten Pancetta oder durchwachsenen Bauchspeck ersetzen. Den gerösteten Knoblauch weglassen, ansonsten wie oben beschrieben zubereiten und 5 Minuten vor Ende der Garzeit noch 200 g kleine halbierte Champignons zugeben. Wie beschrieben servieren.

Rinderfilet mit Paprikakruste

Für **4 Personen**
Zubereitungszeit **15 Minuten**
Koch- und Backzeit
 ca. **30 Minuten**

1 rote **Paprika**, halbiert
2 **Knoblauchzehen**
8 getrocknete **schwarze Oliven**, entsteint
2 TL **Olivenöl**
2 TL **Kapern**
8 **Schalotten**
50 ml **Balsamico**
1 TL **brauner Zucker**
4 **Rinderfiletsteaks**,
 je 100 g
Salz und Pfeffer

Die Paprikahälften mit der Hautseite nach oben unter dem vorgeheizten Backofengrill rösten, bis die Haut schwarz wird. Mit einem feuchten Küchenpapier abgedeckt abkühlen lassen, bis man sie anfassen kann. Die Haut abziehen und das Fruchtfleisch hacken.

Knoblauch, Oliven, 1 Teelöffel Öl, Kapern und Röstpaprika im Mixer fein hacken.

Schalotten und restliches Öl in einen kleinen Topf geben und abgedeckt unter häufigem Rühren bei schwacher Hitze 15 Minuten dünsten. Balsamico und Zucker zugeben und ohne Deckel unter häufigem Rühren 5 Minuten köcheln lassen.

Die Steaks würzen und in 2 Portionen in der heißen Grillpfanne auf einer Seite scharf anbraten. Auf ein Blech legen, die Paprikamischung darübergeben und im vorgeheizten Ofen bei 200 °C 5 Minuten oder nach Geschmack fertig garen. An einem warmen Ort 5 Minuten ruhen lassen, dann mit den Balsamico-Schalotten und nach Wunsch mit Langkornreis servieren.

Für Rinderfilet mit Pilzkruste 350 g gehackte Champignons, 2 zerdrückte Knoblauchzehen, 1 gehackte Zwiebel, 2 Teelöffel Olivenöl und Salz und Pfeffer im Mixer fein hacken. Die Mischung 10 Minuten weich dünsten und reduzieren lassen, dann Saft von ½ Zitrone, 2 Esslöffel gehackte Petersilie und 1 Schuss Weinbrand zugeben und 5 Minuten köcheln lassen. Die Steaks wie oben beschrieben anbraten und mit der Pilzmischung überbacken.

Schweinefilet mit buntem Gemüse

Für **4 Personen**
Zubereitungszeit **20 Minuten**
Koch- und Backzeit
  1 Stunde

2 **Knoblauchzehen**,
  in Scheiben geschnitten
2 TL **brauner Zucker**
2 EL **Balsamico**
500 g **Schweinefilet**
1 **rote Paprika**,
  in 8 Spalten geschnitten
2 **Fenchelknollen**, in dünne
  Streifen geschnitten
50 ml **Hühnerbrühe**
1 EL **Olivenöl**
200 g **Brokkoli**, klein
  geschnitten
8 **getrocknete Tomaten-
  viertel** in Öl, abgetropft
Salz und Pfeffer

Knoblauch, Zucker und Balsamico verrühren und mit Salz und Pfeffer würzen. Das Schweinefilet in eine Schale legen, mit der Marinade übergießen und während der Zubereitung des Gemüses marinieren.

Paprika, Fenchel, Brühe und Öl in einen Bräter geben. Mit Salz und Pfeffer würzen und das Gemüse im vorgeheizten Ofen bei 200 °C 40 Minuten weich rösten.

Das Filet abtropfen lassen (die Marinade weggießen), zum Gemüse in den Bräter legen und 20 Minuten backen, bis es außen goldbraun und innen zartrosa ist. 10 Minuten vor Ende der Backzeit Brokkoli und Tomaten mit in den Bräter geben.

Das Filet aufschneiden. Das Röstgemüse auf Teller verteilen, die Filetscheiben darauf anrichten und mit Bratensaft beträufelt servieren. Nach Wunsch dazu gemischten Basmati- und Wildreis reichen.

Für ein Süßkartoffelpüree als Beilage 1 kg gewürfelte Süßkartoffeln 12 Minuten weich kochen und zu einem Püree zerstampfen. 100 g fettarmen Frischkäse, 1 Handvoll gehackten Schnittlauch und 1 Prise Zimt unterrühren.

Indonesischer Garnelensalat

Für **4 Personen**
Zubereitungszeit **20 Minuten**
Kochzeit **5 Minuten**

125 g **Reis-Vermicelli**
65 g **Gurke**, längs in dünne Streifen geschnitten
2 EL **Reisessig**
2 EL **Zucker**
1 **Ei**, verquirlt
Ölspray
4 **Schalotten**, in dünne Spalten geschnitten
2 **Knoblauchzehen**, zerdrückt
1 TL frisch geriebener **Ingwer**
1 TL gemahlener **Koriander**
2 **Paprika**, in Streifen geschnitten
3 **rote Chillies**, in Ringe geschnitten
1 EL **thailändische Fischsauce**
250 g gekochte **Garnelen**
1 EL **Sojasauce**
Salz

Zum Servieren
Korianderblätter
3 EL gehackte **Erdnüsse**
2 **Frühlingszwiebeln**, in dünne Ringe geschnitten
Krabbenbrot (Krupuk)

Die Nudeln gemäß Packungsanweisung garen. Abgießen, gut abspülen und beiseite stellen.

Die Gurkenstreifen 5 Minuten in Reisessig und Zucker einlegen, dann abgießen und beiseite stellen.

Das Ei mit 3 Esslöffeln Wasser verquirlen. Den Wok oder eine große Pfanne mit Öl besprühen und recht stark erhitzen. Die Eimischung hineingeben und ein dünnes Omelett backen. Das Omelett aufrollen, abkühlen lassen und in dünne Streifen schneiden.

Schalotten, Knoblauch, Ingwer und gemahlenen Koriander in einer großen Schüssel mischen. Paprika, Chillies, Fischsauce, Garnelen und Nudeln zufügen und alles mit 2 Löffeln gründlich umrühren. Sojasauce zugeben und nach Geschmack salzen.

Den Salat auf einer Platte mit Omelettstreifen, eingelegten Gurkenstreifen, Korianderblättern, Erdnüssen und Frühlingszwiebeln anrichten und dazu Krabbenbrot reichen.

Für einen scharf-süßen Garnelen-Reissalat mit Schweinefleisch anstelle der Nudeln 250 g Reis gemäß Packungsanweisung garen. Unterdessen 250 g magere Schweinefleischstreifen unter Rühren anbraten. Fleischstreifen und heißen Reis zur Garnelen-Paprika-Mischung geben und wie oben beschrieben mit Omelett- und Gurkenstreifen angerichtet servieren.

Zitronengras-Rinderstreifen mit Tamarinde

Für **4 Personen**
Zubereitungszeit **15 Minuten**
Kochzeit **12 Minuten**

1 EL **Öl**
500 g **mageres Rindfleisch**, in Streifen geschnitten
2 Stängel **Zitronengras**, gehackt
6 **Schalotten**, in Spalten geschnitten
2 **grüne Chillies**, längs in Streifen geschnitten
3 EL **Tamarindenpaste**
2 EL **Limettensaft**
2 TL **thailändische Fischsauce**
2 TL **brauner Zucker**
200 g **grüne Maracuja**, in Streifen geschnitten

Das Öl im Wok oder einer Pfanne erhitzen. Das Fleisch darin auf hoher Stufe 2–3 Minuten anbraten.

Zitronengras, Schalotten und Chillies zugeben und unter Rühren 5 Minuten anbraten (das Fleisch sollte jetzt gut gebräunt sein).

Tamarindenpaste, Limettensaft, Fischsauce, Zucker und Maracuja zugeben und unter Rühren 4 Minuten köcheln lassen.

Sofort servieren. Nach Wunsch dazu Kokosreis und einen Salat reichen.

Für Zitronengras-Tofu mit Tamarinde das Rindfleisch durch 250 g in Stifte geschnittenen Tofu ersetzen. Anstelle der Maracuja 125 g Zuckererbsen und 125 g in Scheiben geschnittene Shiitake-Pilze zugeben und die Fischsauce durch Sojasauce ersetzen.

Vegetarisches

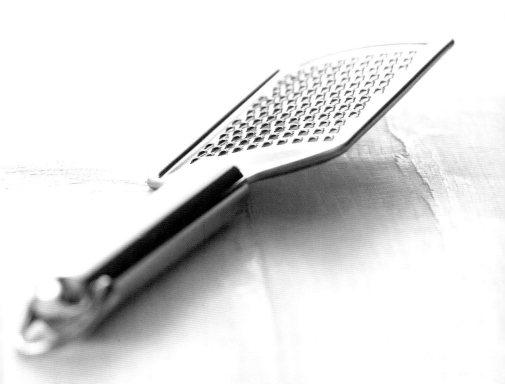

Kichererbsen-Tomatensuppe

Für **4 Personen**
Zubereitungszeit **15 Minuten**
Kochzeit **10 Minuten**

1 EL **Olivenöl**
1 **Zwiebel**, grob gehackt
1 **Knoblauchzehe**, zerdrückt
1 **Karotte**, grob gehackt
1 **rote Paprika**, grob gehackt
1 TL **Kreuzkümmelsamen**
500 ml **heiße Gemüsebrühe**
1 Dose (400 g) **Tomatenstücke**
je 20 g **Kürbis-, Sesam- und Sonnenblumenkerne**, zum Garnieren
1 Dose (410 g) **Kichererbsen**, abgegossen und abgespült
2 EL gehackter **Koriander**
Salz und Pfeffer

Das Öl in einem großen Topf auf mittlerer Stufe erhitzen. Zwiebel, Knoblauch, Karotte, Paprika und Kreuzkümmel darin unter Rühren 1 Minute anbraten. Brühe und Tomaten zugeben und 5 Minuten köcheln lassen, bis das Gemüse weich ist.

Unterdessen die Kerne in einer Pfanne auf mittlerer Stufe goldbraun rösten. Aus der Pfanne nehmen und abkühlen lassen.

Den Gemüsetopf vom Herd nehmen und die Suppe mit einem Stabmixer glatt pürieren. Alternativ das Gemüse von Hand zerstampfen. Die Kichererbsen unterrühren und alles 2 Minuten erhitzen.

Mit Salz und Pfeffer abschmecken. Mit gerösteten Kernen und Koriander bestreuen und nach Wunsch mit knusprigen Körnerbrötchen servieren.

Für einen Tomaten-Paprika-Schmortopf die Menge der Brühe halbieren und das Gemüse wie oben beschrieben garen, jedoch nicht pürieren. 250 g Couscous 2,5 cm hoch mit kochendem Wasser bedecken, einige Minuten ausquellen lassen, dann mit einer Gabel auflockern und zum Schmortopf mit den Kichererbsen servieren.

Karotten-Kichererbsen-Suppe

Für 4 Personen
Zubereitungszeit **25 Minuten**
Kochzeit **ca. 40 Minuten**

1 EL **Distelöl**
1 große **Zwiebel**, gehackt
500 g **Karotten**, gewürfelt
1 TL **gemahlener Kreuzkümmel**
1 TL **Fenchelsamen**, grob zerstoßen
2-cm-Stück **frischer Ingwer**, fein gehackt
1 **Knoblauchzehe**, fein gehackt
1 Dose (410 g) **Kichererbsen**, abgegossen
1,2 l **Gemüsebrühe**
300 ml **fettarme Milch**
Salz und Pfeffer

Zum Garnieren
1 TL **Distelöl**
40 g **gehobelte Mandeln**
1 Prise gemahlener **Kreuzkümmel**
1 Prise **Paprikapulver**

Das Öl in einem Topf erhitzen. Die Zwiebel darin auf niedriger Stufe unter Rühren 5 Minuten zartbraun dünsten. Karotten, Kreuzkümmel, Fenchel, Ingwer und Knoblauch zugeben und 1 Minute anbraten.

Kichererbsen, Brühe und etwas Salz und Pfeffer zufügen, alles zum Kochen bringen und abgedeckt 30 Minuten köcheln lassen, bis das Gemüse weich ist.

Die Suppe portionsweise im Mixer glatt pürieren, dann zurück in den Topf geben und die Milch einrühren. Langsam erhitzen.

Unterdessen für die Garnierung das Öl in einer kleinen Pfanne erhitzen. Mandeln, Kreuzkümmel und Paprika darin 2–3 Minuten goldbraun rösten.

Die Suppe auf Schalen verteilen und mit den gerösteten Mandelblättchen bestreut servieren. Nach Wunsch dazu warmes Weißbrot reichen.

Für eine Karotten-Linsen-Suppe die Kichererbsen durch eine Dose (410 g) grüne Linsen ersetzen (alternativ kann die Suppe auch mit Cannellinibohnen oder anderen Hülsenfrüchten aus der Dose zubereitet werden). Die Milch weglassen, stattdessen 300 ml Brühe zusätzlich zugeben. Ansonsten wie oben beschrieben verfahren. Die fertige Suppe auf Schalen verteilen, je 1 Teelöffel Naturjoghurt daraufgeben und spiralförmig verziehen.

Gazpacho

Für **4 Personen**
Zubereitungszeit **15 Minuten** plus Kühlzeit
Kochzeit **25 Minuten**

750 g reife **Tomaten**
1 große **Fenchelknolle**
¾ TL **Koriandersamen**
½ TL **bunte Pfefferkörner**
1 EL natives **Olivenöl** extra
1 große **Knoblauchzehe**, zerdrückt
1 kleine **Zwiebel**, gehackt
1 EL **Balsamico**
1 EL **Zitronensaft**
1 EL gehackter **Oregano**
1 TL **Tomatenmark**
1 TL **Salz**
grüne **Oliven**, in Ringe geschnitten, zum Garnieren

Die Tomaten in eine große Schüssel geben und mit kochendem Wasser überbrühen. 1 Minute stehen lassen, dann abgießen, die Haut abziehen und das Fruchtfleisch grob würfeln.

Das Fenchelgrün abschneiden und wegwerfen. Die Knolle in dünne Streifen schneiden, in einen Topf geben, 300 ml leicht gesalzenes kochendes Wasser zugießen und abgedeckt 10 Minuten köcheln lassen.

Unterdessen Koriander und Pfeffer im Mörser zerstoßen. Das Öl in einem großen Topf auf niedriger Stufe erhitzen. Knoblauch, Zwiebel und zerstoßene Gewürze darin 5 Minuten andünsten.

Balsamico, Zitronensaft, Tomaten und Oregano zugeben (einige Oreganoblätter zum Garnieren aufbewahren) und gut umrühren. Tomatenmark, Salz und Fenchel mitsamt Kochwasser zufügen, alles zum Kochen bringen und ohne Deckel 10 Minuten kochen lassen.

Die Suppe im Mixer leicht pürieren. Abkühlen lassen, über Nacht in den Kühlschrank stellen und gut gekühlt mit Oreganoblättern und Olivenringen garniert servieren.

Für eine helle Gazpacho 250 g gemahlene Mandeln, 750 g eiskaltes Wasser, 75 g Semmelbrösel, 2 zerdrückte Knoblauchzehen, 3 Esslöffel Olivenöl, 1 Schuss Weißweinessig und Pfeffer und Salz im Mixer pürieren. Die Suppe 1 Stunde kalt stellen, bei Bedarf nachwürzen und gut gekühlt servieren.

Paprika-Tomaten-Cremesuppe

Für **4 Personen**
Zubereitungszeit **10 Minuten**
Koch- und Backzeit
  40 Minuten

4 **rote Paprika**, halbiert
500 g **Tomaten**, halbiert
1 TL **Olivenöl**
1 **Zwiebel**, gehackt
1 **Karotte**, gehackt
600 ml **Gemüsebrühe**
2 EL **saure Sahne**
1 Handvoll **Basilikumblätter**, zerzupft
Pfeffer

Die Paprika mit der Hautseite nach oben und die Tomaten mit der Hautseite nach unten auf ein Backblech legen und unter dem Backofengrill 8–10 Minuten rösten, bis die Haut der Paprika schwarz wird. Die Paprika mit feuchtem Küchenpapier abgedeckt abkühlen lassen, dann häuten und das Fruchtfleisch in Streifen schneiden. Die Tomaten abkühlen lassen, dann häuten.

Das Öl in einem großen Topf erhitzen. Zwiebel und Karotte darin 5 Minuten anbraten. Brühe, Paprika und Tomaten zugeben, zum Kochen bringen und 20 Minuten köcheln lassen, bis die Karotte weich ist.

Die Mischung ggf. portionsweise im Mixer glatt pürieren, zurück in den Topf geben und langsam erhitzen. Saure Sahne und Basilikum unterrühren. Die Suppe kräftig mit Pfeffer abschmecken und servieren.

Für eine Zucchini-Erbsen-Cremesuppe anstelle der roten Paprika 4 mittelgroße Zucchini längs in Scheiben schneiden und wie oben beschrieben mit den Tomaten rösten. 200 g tiefgefrorene Erbsen mit der Brühe in den Topf geben. Wie oben beschrieben fortfahren, die fertige Suppe abschmecken und mit zerzupften Basilikum- und Minzeblättern garniert servieren.

Kichererbsen-Petersilien-Suppe

Für **6 Personen**
Zubereitungszeit **15 Minuten** plus Abkühlzeit
Kochzeit **30 Minuten**

1 kleine **Zwiebel**
3 **Knoblauchzehen**
30 g **Petersilie**
2 EL **Olivenöl**
1 Dose (410 g) **Kichererbsen**, abgegossen und abgespült
1,2 l **Gemüsebrühe**
abgeriebene Schale und Saft von ½ **unbehandelten Zitrone**
Salz und Pfeffer

Zwiebel, Knoblauch und Petersilie im Mixer zerkleinern.

Das Öl in einem Topf erhitzen und die Zwiebelmischung darin auf niedriger Stufe leicht andünsten. Die Kichererbsen zugeben und 1–2 Minuten anbraten.

Die Brühe zugießen, kräftig mit Salz und Pfeffer würzen und alles zum Kochen bringen. Abgedeckt 20 Minuten köcheln lassen, bis die Kichererbsen weich sind.

Die Suppe eine Weile abkühlen lassen, dann teilweise im Mixer leicht pürieren oder mit einer Gabel zerdrücken, sodass sie eine grobe Konsistenz behält.

Die gesamte Suppe in einen sauberen Topf geben und den Zitronensaft unterrühren. Bei Bedarf nachwürzen und langsam erhitzen. Die Suppe auf Schalen verteilen und mit geriebener Zitronenschale und zerstoßenem schwarzem Pfeffer bestreut servieren.

Für eine Bohnen-Petersilien-Suppe die Kichererbsen durch je 1 Dose (200 g) Flageolet- und Cannellinibohnen ersetzen sowie Schale und Saft von einer ganzen Zitrone verwenden. Ansonsten wie oben beschrieben zubereiten.

Erbsen-Salat-Suppe mit Croûtons

Für **4 Personen**
Zubereitungszeit **10 Minuten**
Koch- und Backzeit
  25–30 Minuten

25 g Butter
1 große **Zwiebel**,
  fein gehackt
425 g tiefgefrorene **Erbsen**
2 **Romanasalatherzen**,
  grob gehackt
1 l **Gemüsebrühe**
abgeriebene Schale und
  Saft von ½ **unbehandelten
  Zitrone**
Salz und Pfeffer

Sesamcroûtons
2 dicke Scheiben **Weißbrot**,
  gewürfelt
1 EL **Olivenöl**
1 EL **Sesamkörner**

Für die Croûtons die Brotwürfel mit dem Öl bestreichen, auf ein Backblech legen und mit dem Sesam bestreut im vorgeheizten Ofen bei 200 °C 10 Minuten goldbraun rösten.

Unterdessen die Butter in einem großen Topf zerlassen und die Zwiebel darin 5 Minuten glasig dünsten. Erbsen, Salat, Brühe, Zitronenschale, Zitronensaft und Salz und Pfeffer zugeben. Alles zum Kochen bringen, dann herunterschalten und abgedeckt 10 Minuten köcheln lassen.

Die Suppe etwas abkühlen lassen, dann im Mixer glatt pürieren. Zurück in den Topf geben, bei Bedarf nachwürzen und langsam erhitzen.

Die Cremesuppe auf vorgewärmte Suppenteller verteilen und mit den Croûtons bestreut servieren.

Für eine Erbsen-Brunnenkresse-Suppe mit Minznote die Romanasalatherzen durch 100 g grob gehackte Brunnenkresse ersetzen. Wie beschrieben zubereiten, jedoch Zitronenschale und Zitronensaft weglassen. Stattdessen nach dem Pürieren 2 Esslöffel gehackte Minze unter die Suppe rühren.

Goanesisches Auberginencurry

Für **4 Personen**
Zubereitungszeit **15 Minuten**
Koch- und Backzeit
  20 Minuten

1 TL **Cayennepfeffer**
2 **frische grüne Chillies**,
  entkernt und in Ringe
  geschnitten
½ TL **Kurkuma**
4 **Knoblauchzehen**,
  zerdrückt
3-cm-Stück **frischer Ingwer**,
  gerieben
1 TL **Kreuzkümmelsamen**,
  geröstet
4 TL **Koriandersamen**,
  geröstet
1 Dose (400 g) **Kokosmilch**
1 EL **Tamarindenpaste**
1 große **Aubergine**,
  längs in dünne Scheiben
  geschnitten
Salz und Pfeffer

Cayennepfeffer, Chillies, Kurkuma, Knoblauch, Ingwer und 300 ml warmes Wasser in einem Topf verrühren.

Kreuzkümmel und Koriander im Mörser zerstoßen und in den Topf geben. Alles 10 Minuten köcheln und eindicken lassen. Mit Salz und Pfeffer würzen. Kokosmilch und Tamarindenpaste unterrühren.

Die Auberginenscheiben nebeneinander auf einen Grillrost legen, die Oberseite mit etwas Currysauce bestreichen und unter dem vorgeheizten Backofengrill goldbraun grillen.

Die Auberginenscheiben in der Currysauce servieren. Nach Wunsch dazu Naan-Brot oder Chapatis reichen.

Für ein Cashew-Zucchini-Curry 200 g geröstete Cashewkerne zur Currysauce geben. Zum Rösten die Kerne zunächst 20 Minuten in Wasser einweichen, dann hacken und in einer Pfanne ohne Fett unter regelmäßigem Schütteln zartbraun rösten. Anstelle der Auberginen 4 Zucchini in Scheiben schneiden, mit Walnussöl beträufeln, salzen und pfeffern und wie oben beschrieben grillen.

Kürbisrisotto mit rotem Reis

Für **4 Personen**
Zubereitungszeit **20 Minuten**
Kochzeit **35 Minuten**

1 l **Gemüsebrühe**
250 g **roter Camargue-Reis**
1 EL **Olivenöl**
1 **Zwiebel**, fein gehackt
2 **Knoblauchzehen**, fein gehackt
750 g **Kürbis**, gewürfelt
5 EL fein gehacktes **Basilikum oder Oregano**, plus zusätzliche Blätter zum Garnieren
50 g **Parmesan**, grob gerieben, plus zusätzliche Parmesanspäne zum Servieren
Salz und Pfeffer

Brühe und Reis in einem großen Topf 35 Minuten köcheln lassen.

Unterdessen das Öl in einer Pfanne erhitzen. Die Zwiebel darin unter gelegentlichem Rühren 5 Minuten glasig dünsten. Knoblauch und Kürbis zufügen, mit etwas Salz und Pfeffer würzen, alles umrühren und abgedeckt bei mittlerer Hitze unter gelegentlichem Rühren 10 Minuten weich dünsten.

Den Reis abgießen, dabei das Kochwasser auffangen. Abgetropften Reis, gehackte Kräuter und geriebenen Parmesan in die Pfanne geben und untermischen. Bei Bedarf nachwürzen und aufgefangenes Reiswasser zugeben, falls das Risotto zu trocken aussieht.

Auf tiefe Teller verteilen und mit Kräuterblättern und Parmesanspänen bestreut servieren.

Für einen knackigen Bohnen-Kohlsalat als Beilage
250 g grüne Bohnen blanchieren und ¼ Rotkohl in dünne Streifen schneiden. Bohnen, Kohl und 1 Handvoll gehackte Petersilie vermengen und mit Walnussöl beträufelt servieren.

Gerösteter Kürbis mit Feta

Für **4 Personen**
Zubereitungszeit **10 Minuten**
Backzeit **40 Minuten**

625 g **Hokkaido- oder Butternusskürbis**, in 5 cm breite Spalten geschnitten
2 EL **Olivenöl**
1 EL **Zitronensaft**
2 EL gehackte **Minze**, plus zusätzliche in feine Streifen geschnittene Minze zum Garnieren
200 g **Feta**
50 g **Walnüsse**, gehackt
8 getrocknete **Tomaten** in Öl, abgetropft und gehackt
85 g junge **Spinatblätter**
Salz und Pfeffer

Die Kürbisstücke mit 1 Esslöffel Öl benetzen, mit Salz und Pfeffer würzen und in einer Auflaufform im vorgeheizten Ofen bei 200 °C 30 Minuten rösten.

Unterdessen restliches Öl, Zitronensaft und Minze verrühren, über den Feta geben und ziehen lassen.

Walnüsse und Tomaten in die Auflaufform geben und alles noch weitere 10 Minuten rösten.

Kürbis, Walnüsse und Tomaten auf Tellern anrichten und mit evtl. Bratensaft aus der Form beträufeln. Den Feta darüberbröckeln, die Marinade darüberträufeln und den Spinat darauf verteilen. Mit Minzestreifen garniert servieren.

Für Röstkürbis mit Blauschimmelkäse und schwarzen Oliven die Tomaten durch 16 grob gehackte schwarze Oliven ersetzen. Anstelle des Fetas dieselbe Menge Blauschimmelkäse, z. B. Roquefort oder Stilton, verwenden und den Spinat durch Rucola ersetzen.

Wurzelgratin mit Kräuterkruste

Für **4 Personen**
Zubereitungszeit **20 Minuten**
Koch- und Backzeit
  45 Minuten

50 g **fettreduzierte Sonnenblumenmargarine**
400 g **fest kochende Kartoffeln**, in Scheiben geschnitten
200 g **Süßkartoffeln**, in Scheiben geschnitten
200 g **Karotten**, in Scheiben geschnitten
2 **Knoblauchzehen**, gehackt
300 g **saure Sahne**
250 ml **Gemüsebrühe**
1 EL geriebener **Parmesan**
2 EL gehackter **Salbei**
1 EL gehackter **Rosmarin**
75 g **Semmelbrösel**
Salz und Pfeffer

Eine Auflaufform dünn mit der Margarine einfetten. Kartoffeln, Süßkartoffeln und Karotten hineinschichten, dabei jede Schicht mit etwas Knoblauch bestreuen und salzen und pfeffern.

Saure Sahne und Brühe erhitzen und über das geschichtete Wurzelgemüse geben.

Parmesan, Salbei, Rosmarin und Semmelbrösel mischen, mit Salz und Pfeffer würzen und über das Gratin streuen. Alles im vorgeheizten Backofen bei 200 °C 45 Minuten weich und goldbraun backen. Sofort servieren.

Für ein Mischkartoffelgratin mit Roter Bete und Nusskruste die Karotten durch 250 g in Scheiben geschnittene Rote Bete ersetzen und 100 g gehackte Pekannüsse zur Semmelbröselmischung geben. Mit Rotkohlsalat servieren.

Dhal-Bratlinge mit Joghurt-Relish

Für **4 Personen**
Zubereitungszeit **30 Minuten** plus Kühlzeit
Kochzeit **20 Minuten**

2 Dosen (je 410 g) **Linsen**, abgegossen und abgespült
500 ml **Gemüsebrühe**
1 **Lorbeerblatt**
5-cm-Stück **Zimtstange**
2 **Kardamomkapseln**
2 EL gehackter **Koriander**
2 EL gehackte **Minze**
1 **rote Zwiebel**, in dünne Spalten geschnitten
250 g **Magerjoghurt**
250 g tiefgefrorene **Erbsen**
4 EL **Currypaste** (oder nach Geschmack)
Olivenölspray
Salz und Pfeffer

Einige 15 cm lange Holzspieße in warmem Wasser einweichen. Linsen, Brühe, Lorbeerblatt, Zimtstange und Kardamomkapseln in einen Topf geben, salzen und 10 Minuten köcheln lassen.

Unterdessen für das Joghurt-Relish Koriander, Minze, Zwiebel und Joghurt verrühren und mit Salz und Pfeffer abschmecken.

Die Erbsen in kochendem Wasser garen. Die Linsen abgießen und Lorbeerblatt, Zimtstange und Kardamomkapseln entfernen. Erbsen und Linsen im Mixer kurz hacken, dann in eine Schüssel geben und die Currypaste unterrühren. Die Masse mit 2 Teelöffeln zu kleinen Kugeln formen und bis zum Braten kalt stellen.

Je 3–4 Kugeln auf die Spieße stecken. Eine Pfanne erhitzen und mit Öl besprühen. Die Spieße darin (ggf. portionsweise) auf mittlerer Stufe 2 Minuten ungestört braten lassen, dann wenden und die andere Seite goldbraun braten. Die Bratlinge von den Spießen lösen und heiß mit dem Joghurt-Relish servieren.

Für eine Gurken-Raita 1 Gurke in Scheiben schneiden, salzen und überschüssiges Wasser heraustropfen lassen. Ausgedrückte Gurke, je ½ Teelöffel Kreuzkümmel und Salz, je 1 Teelöffel Zucker und Zitronensaft und 250 g Magerjoghurt gut verrühren.

Porree-Käse-Törtchen

Für **4 Personen**
Zubereitungszeit **15 Minuten**
Koch- und Backzeit
 25 Minuten

1 TL **Olivenöl**
8 kleine **Porreestangen**,
 in Ringe geschnitten
1 TL gehackter **Thymian**
50 g **Blauschimmelkäse**,
 z. B. Stilton oder Roquefort,
 zerbröckelt
2 **Eier**, verquirlt
4 EL **saure Sahne**
12 Blätter **Filo-Teig**
 (15 cm x 15 cm)
Milch, zum Bestreichen

Das Öl in einem Topf erhitzen und den Porree darin 3–4 Minuten weich braten.

Thymian und die Hälfte des Käses zum Porree in den Topf geben. Eier, saure Sahne und restlichen Käse in einer Schüssel verquirlen.

Die Filo-Teigblätter mit etwas Milch bestreichen und 4 Flanförmchen (Ø 10 cm) mit je 3 Blättern übereinander auslegen. Die Porreemischung auf die Formen verteilen und die Käse-Eimischung darübergeben.

Die Formen auf ein Backblech stellen und im vorgeheizten Ofen bei 200 °C 15–20 Minuten backen, bis die Füllung gestockt ist.

Für Frühlingszwiebel-Gouda-Törtchen den Blauschimmelkäse durch dieselbe Menge grob geriebenen pikanten Gouda ersetzen. Statt der Porreestangen 2 Bund große Frühlingszwiebeln in Ringe schneiden und 1 Minute anbraten, dann wie oben beschrieben fortfahren.

Kräuter-Pinienkern-Pilaw mit Granatapfel

Für **4 Personen**
Zubereitungszeit **15 Minuten**
Kochzeit **10 Minuten**

2 EL **Olivenöl**
1 **Gemüsezwiebel**, gehackt
2 **Knoblauchzehen**, zerdrückt
300 ml **Gemüsebrühe**
500 g **Couscous**
1 **Granatapfel**
50 g **Pinienkerne**, geröstet
3 EL gehackte glatte **Petersilie**
3 EL gehackter **Dill**
3 EL gehackter **Koriander**
abgeriebene Schale und Saft von 1 **unbehandelten Zitrone**
Salz und Pfeffer

Das Öl in einer großen Pfanne erhitzen. Gemüsezwiebel und Knoblauch darin 5 Minuten glasig dünsten. Die Brühe zugießen und zum Kochen bringen. Den Couscous einrühren und abgedeckt bei schwacher Hitze 5 Minuten ausquellen lassen.

Unterdessen die Kerne aus dem Granatapfel herauslösen, dabei den Saft in einer Schüssel auffangen.

Pinienkerne, Kräuter und etwas Salz und Pfeffer zum gekochten Couscous geben und gut unterrühren.

Granatapfelkerne, Zitronenschale, Granatapfel- und Zitronensaft mischen und kurz vor dem Servieren über den Couscous gießen.

Für gegrillten Halloumi als Beilage 250 g Halloumi in 8 Scheiben schneiden und in einer Mischung aus dem Saft von 1 Zitrone, 1 Schuss Olivenöl und 1 fein gehackten frischen grünen Chili 20 Minuten marinieren. Danach unter dem Backofengrill knusprig und goldbraun grillen und pro Person 2 Scheiben auf dem Pilaw anrichten.

Bohnen-Kartoffel-Schmortopf

Für **4 Personen**
Zubereitungszeit **15 Minuten**
Koch- und Backzeit **1 Stunde**

Olivenölspray
1 **Gemüsezwiebel**, in Spalten geschnitten
2 **Knoblauchzehen**, zerdrückt
200 g **Kartoffeln**, gewürfelt
65 g **weiße Rübe**, in dünne Scheiben geschnitten
2 Dosen (je 410 g) **dicke weiße Bohnen**, abgespült und abgetropft
100 ml **Rotwein**
1 Dose (400 g) **Tomatenstücke**
250 ml **Gemüsebrühe**
1 Prise **Paprikapulver**
1 **Lorbeerblatt**
2 EL gehackte **glatte Petersilie**
Salz und Pfeffer

Einen feuerfesten Schmortopf mit Öl besprühen. Die Zwiebel darin bei schwacher Hitze 10 Minuten glasig dünsten. Knoblauch, Kartoffeln, Rübe und Bohnen zufügen und gut unterrühren.

Die restlichen Zutaten zugeben, alles mit Salz und Pfeffer würzen und zum Kochen bringen.

Den Topf in den vorgeheizten Ofen schieben und das Gemüse bei 180 °C 45 Minuten weich schmoren. Das Lorbeerblatt entfernen. Das Gericht bei Bedarf nachwürzen und mit Petersilie bestreut servieren. Nach Wunsch dazu einen grünen Salat reichen.

Für einen Bohnen-Tomaten-Schmortopf Kartoffeln und Rübe weglassen. Stattdessen 2 in Spalten geschnittene Zwiebeln, 3 Dosen (je 410 g) dicke weiße Bohnen und 2 Dosen (je 400 g) Tomatenstücke verwenden. Einige frische Oreganozweige zugeben und statt im Ofen alles auf dem Herd 15 Minuten köcheln lassen. Warm mit knusprigem Weißbrot servieren.

Vietnamesische Röllchen mit Erdnussdip

Für **4 Personen**
Zubereitungszeit **20 Minuten**
 plus Einweichzeit
Kochzeit **5 Minuten**

50 g **Reis-Vermicelli** (Fadennudeln)
12 runde **Reispapierplatten**
½ **Gurke**, entkernt und in dünne Stifte geschnitten
1 **Karotte**, in dünne Stifte geschnitten
2 **Frühlingszwiebeln**, längs in dünne Streifen geschnitten
15 g ganze **Minzeblätter**
50 g **Bohnensprossen**
2 **Chinakohlblätter**, in dünne Streifen geschnitten
50 g **Cashewkerne**, gehackt und geröstet

Erdnussdip
2 EL **Hoisinsauce**
2 EL **Chilisauce**
2 EL **ungesalzene Erdnüsse**, gehackt und geröstet
1 **rote Chili**, fein gehackt

Die Nudeln gemäß Packungsanweisung garen. Abgießen und beiseite stellen.

Das Reispapier 3 Minuten in kaltem Wasser einweichen, bis es biegsam ist (nicht zu lange einweichen, da es sonst zerfällt).

Karotte, Gurke, Frühlingszwiebeln, Minze, Bohnensprossen, Chinakohl, Cashewkerne und Nudeln vermengen.

Alle Zutaten für den Dip gut verrühren.

Die Gemüse-Nudel-Mischung in 12 Portionen teilen und je 1 Portion auf die Mitte der Reispapiere geben. Die Seiten einschlagen und das Papier eng um die Füllung aufrollen. Die Rollen diagonal halbieren und sofort mit dem Dip servieren.

Für einen Chili-Honig-Dip 2 Esslöffel Sojasauce, 2 Esslöffel Honig und 1 fein gehackte rote Chili verrühren.

Süßkartoffel-Ziegenkäse-Frittata

Für **4 Personen**
Zubereitungszeit **10 Minuten**
Koch- und Backzeit
  20 Minuten

500 g **Süßkartoffeln**,
  in Scheiben geschnitten
1 TL **Olivenöl**
5 **Frühlingszwiebeln**,
  in Ringe geschnitten
2 EL gehackter **Koriander**
4 große **Eier**, verquirlt
100 g kleine
  Ziegenkäserolle,
  in Scheiben geschnitten
Pfeffer

Die Süßkartoffeln in einem Topf mit kochendem Wasser 7–8 Minuten bissfest kochen, dann abgießen.

Das Öl in einer mittelgroßen beschichteten, ofenfesten Pfanne erhitzen. Frühlingszwiebeln und Süßkartoffeln darin
2 Minuten anbraten.

Den Koriander unter die verquirlten Eier rühren, die Mischung kräftig mit Pfeffer würzen und in die Pfanne geben. Die Ziegenkäsescheiben darauf verteilen und alles 3–4 Minuten braten, bis die Eimischung fast gestockt ist.

Die Pfanne unter dem vorgeheizten Backofengrill 2–3 Minuten goldbraun überbacken. Sofort servieren, nach Wunsch dazu einen grünen Salat reichen.

Für eine Kürbis-Feta-Frittata die Süßkartoffeln durch 500 g gewürfelten Kürbis ersetzen und statt des Ziegenkäses zerbröckelten Feta auf die Frittata geben.

Röstgemüse-Kartoffel-Auflauf

Für **4 Personen**
Zubereitungszeit **15 Minuten**
Backzeit **45 Minuten**

1 EL **Olivenöl**
200 g **fest kochende Kartoffeln**, ungeschält grob gewürfelt
1 **gelbe Paprika**, grob gewürfelt
2 **rote Paprika**, grob gewürfelt
4 **Knoblauchzehen**, halbiert
2 EL gehackter **Thymian**, plus zusätzliche ganze Zweige zum Garnieren
2 **Lorbeerblätter**
125 g **Feta**
2 EL gehackte **Minze**
2 EL gehackter **Dill**
50 g **Frischkäse** (Magerstufe)
1 **Fleischtomate**, grob gewürfelt
200 g **kleine Zucchini**, längs in Scheiben geschnitten
Salz und Pfeffer

Öl, Kartoffeln, Paprika, Knoblauch, Thymian und Lorbeerblätter in einer Auflaufform gut mischen und im vorgeheizten Ofen bei 200 °C 30 Minuten rösten.

Unterdessen Feta, Minze, Dill und Frischkäse mit einer Gabel mischen und mit Salz und Pfeffer würzen.

Tomate und Zucchini in die Auflaufform geben. Die Käse-Kräutermischung über das Gemüse verteilen und 15 Minuten zartbraun überbacken. Mit Thymianzweigen garniert sofort servieren. Nach Wunsch dazu einen grünen Salat reichen.

Für einen Gemüseauflauf mit Streusel-Käse-Kruste

75 g Semmelbrösel, 2 Esslöffel fein gehackten Fenchel und 50 g fein geriebenen Gouda vermengen, anstelle der Feta-Frischkäse-Mischung über das Gemüse geben und wie oben beschrieben überbacken.

Ofen-Ratatouille

Für **4 Personen**
Zubereitungszeit **25 Minuten**
Koch- und Backzeit
 ca. **1¼ Stunden**

1 EL **Olivenöl**
1 **Zwiebel**, gehackt
2 **Knoblauchzehen**,
 fein gehackt
250 g **Fenchel**, gewürfelt
3 verschiedenfarbige
 Paprika, gewürfelt
300 g kleine **Zucchini**,
 gewürfelt
1 Dose (400 g)
 Tomatenstücke
150 ml **Gemüsebrühe**
1 TL **Zucker**
Salz und Pfeffer

Ziegenkäse-Crostini
150 g **Baguette**,
 in Scheiben geschnitten
125 g **Ziegenkäse** mit
 Schnittlauch

Das Öl in einer großen beschichteten Pfanne auf hoher Stufe erhitzen. Die Zwiebel darin unter Rühren 5 Minuten leicht bräunen. Knoblauch, Fenchel, Paprika und Zucchini zugeben und 2 Minuten anbraten.

Tomaten, Brühe, Zucker und etwas Salz und Pfeffer zufügen. Unter Rühren zum Kochen bringen, dann in eine hohe Auflaufform geben und mit Alufolie abgedeckt im vorgeheizten Ofen bei 190 °C 45–60 Minuten backen, bis das Gemüse weich ist.

Kurz vor Ende der Backzeit die Baguettescheiben auf einer Seite goldbraun toasten. Den Käse in Scheiben schneiden und auf die ungetoasteten Seiten der Baguettescheiben legen. Die Alufolie vom Ratatouille entfernen, das Gemüse umrühren und die Crostini mit der Käseseite nach oben daraufsetzen.

Das Ratatouille unter dem vorgeheizten Backofengrill 4–5 Minuten überbacken, bis der Käse gerade zu schmelzen beginnt. Auf Teller verteilen und mit einem Rucolasalat servieren.

Für einen Kräuterfladen als Beilage einen Teig aus 250 g gesiebtem Mehl, ½ Teelöffel Backpulver, 50 g Butterflocken, 2 fein gehackten Frühlingszwiebeln und 1 Prise getrockneten Kräutern herstellen. Den Teig zu einem Kreis flach drücken, mit etwas pikantem Gouda bestreuen und zusammen mit dem Ratatouille 20 Minuten backen. In Keile geschnitten zum Ratatouille servieren.

Spargel-Dolcelatte-Risotto

Für **4 Personen**
Zubereitungszeit **10 Minuten**
Kochzeit **ca. 25 Minuten**

1 TL **Olivenöl**
1 kleine **Zwiebel**,
  fein gehackt
300 g **grüner Spargel**,
  Spitzen halbiert, Stiele
  klein geschnitten
350 g **Arborioreis**
2 EL **trockener Weißwein**
1,2 l **Gemüsebrühe**
75 g **Dolcelatte oder
  Gorgonzola**, gewürfelt
2 EL gehackte **Petersilie**

Das Öl in einem großen beschichteten Topf erhitzen. Zwiebel und klein geschnittene Spargelstiele darin 2–3 Minuten anbraten (die Spargelspitzen beiseite stellen).

Den Reis zufügen und kurz im Öl anschwitzen, dann den Wein zugießen und vom Reis aufnehmen lassen.

Die Brühe zum Kochen bringen und Kelle für Kelle zur Reismischung geben, dabei vor jeder erneuten Zugabe warten, bis der Reis die Brühe vollständig aufgenommen hat. Mit der letzten Kelle Brühe (etwa 20 Minuten nach Garbeginn) die Spargelspitzen zufügen.

Wenn der Reis die letzte Brühe aufgenommen hat, vorsichtig Dolcelatte bzw. Gorgonzola und Petersilie unter den Reis heben. Das Risotto nach Wunsch mit einem Tomaten-Rucola-Salat servieren.

Für ein Rucola-Risotto die Zwiebel kurz anbraten und 300 g Risottoreis wie oben beschrieben in 1,2 l Brühe garen. Wenn das Risotto fertig ist, 50 g grob gehackten Rucola unterrühren und alles mit Rucolablättern garniert servieren.

Salate

Thailändischer Nudelsalat

Für **4 Personen**
Zubereitungszeit **15 Minuten**,
plus Abkühlzeit
Kochzeit **5 Minuten**

200 g **Reisbandnudeln**
1 EL **Sesamöl**
125 g **Schweinefilet**, gewürfelt
1 EL **helle Sojasauce**
1 EL **Sesamkörner**, geröstet
2 **Schalotten**, gehackt
12 **Babymaiskolben**,
   klein geschnitten
75 g **Bohnensprossen**
75 g **Erdnüsse**,
   gehackt und geröstet
4 EL gehackter **Koriander**

Limetten-Kokos-Dressing
2 **Knoblauchzehen**, zerdrückt
2 EL **Limettensaft**
½ Stängel **Zitronengras**,
   fein gehackt
½ **rote Chili**, gehackt
125 ml **fettreduzierte Kokosmilch**
1 EL **thailändische Fischsauce**
Salz

Die Nudeln gemäß Packungsanweisung garen und abgießen.

Unterdessen das Sesamöl in einer Pfanne erhitzen und die Filetwürfel darin 1–2 Minuten anbraten. Die Sojasauce zugeben und unter Rühren 1–2 Minuten köcheln lassen, bis das Fleisch klebrig und gut mit der Sauce benetzt ist. Abkühlen lassen.

Sesam, Schalotten, Maiskolben, Bohnensprossen, Nudeln und kalte Filetwürfel mischen.

Für das Dressing alle Zutaten in einer Schüssel verrühren.

Das Dressing über die Nudel-Fleisch-Mischung geben, Erdnüsse und Koriander zufügen, alles gut umrühren und sofort servieren.

Für einen Reis-Garnelen-Salat 250 g Reis gemäß Packungsanweisung garen. Das Schweinefilet durch 350 g ausgelöste gekochte Garnelen ersetzen, die Garnelen jedoch nicht anbraten, sondern nur mit der Sojasauce mischen.

Linsensalat mit Ziegenkäse

Für **4 Personen**
Zubereitungszeit **10 Minuten**
Kochzeit ca. **30 Minuten**

2 TL **Olivenöl**
2 TL **Kreuzkümmelsamen**
2 **Knoblauchzehen**,
  zerdrückt
2 TL frisch geriebener
  Ingwer
125 g **Puy-Linsen**
750 ml **Hühnerbrühe**
2 EL gehackte **Minze**
2 EL gehackter **Koriander**
½ **Limette**
150 g junge **Spinatblätter**
125 g **Ziegenkäse**,
  zerbröckelt
schwarzer Pfeffer

Das Öl in einem Topf auf mittlerer Stufe erhitzen. Kreuzkümmel, Knoblauch und Ingwer darin 1 Minute anschwitzen. Die Linsen zufügen und kurz anrösten.

Die Brühe unterrühren und alles 25 Minuten köcheln lassen, bis die Linsen die gesamte Flüssigkeit aufgenommen haben und weich sind. Bei Bedarf nachwürzen. Den Topf vom Herd nehmen und abkühlen lassen. Minze, Koriander und einen Spritzer Limettensaft unterrühren.

Die Spinatblätter auf 4 tiefe Teller verteilen, je ein Viertel der Linsenmischung und des Ziegenkäses daraufgeben und mit schwarzem Pfeffer bestreut servieren.

Für einen Linsensalat mit Eiern den Ziegenkäse durch 4 hart gekochte Eier ersetzen. Den Salat wie oben beschrieben zubereiten, mit den geviertelten Eiern anrichten und mit 50 g gehackten grünen Oliven bestreut servieren.

Weizensalat mit Räucherforelle

Für **4 Personen**
Zubereitungszeit **10 Minuten**, plus Abkühlzeit
Kochzeit **20 Minuten**

400 g **Weizen** (z. B. Ebly)
1 EL **Olivenöl**
375 g **geräucherte Forellenfilets**, in Stücke zerteilt
1 kleine **Gurke**, entkernt und gewürfelt
150 g junge **Spinatblätter**
1 rote **Zwiebel**, in dünne Spalten geschnitten
1 Dose (200 g) **grüne Linsen**, abgespült und abgetropft
75 g **Zuckererbsen**, in dünne Streifen geschnitten

Zitronen-Mohn-Dressing
abgeriebene Schale von
 2 **unbehandelten Zitronen**
4 EL **Zitronensaft**
2 EL **Mohn**
2 EL gehackter **Dill**
Salz und Pfeffer

Den Weizen gemäß Packungsanweisung garen, dann mit dem Öl mischen und abkühlen lassen.

Forelle, Gurke, Spinat, Zwiebel, Linsen und Zuckererbsen vorsichtig unter den abgekühlten Weizen heben.

Für das Dressing Zitronenschale, Zitronensaft, Mohn und Dill verrühren und mit Salz und Pfeffer würzen. Kurz vor dem Servieren über den Salat träufeln

Für einen Weizensalat mit Räuchermakrele die Forelle durch 375 g geräucherte Makrele ersetzen. Den Salat statt mit dem Zitronen-Mohn-Dressing mit einem Meerrettich-Dressing servieren: Dafür 2 Esslöffel Meerrettichsauce und 4 Esslöffel milden Joghurt verrühren.

Reissalat mit Huhn und Ananas

Für **4 Personen**
Zubereitungszeit **40 Minuten**

4 **Hähnchenbrustfilets**, je 125 g, gekocht
200 g **Langkornreis**, gekocht
½ **Ananas**, gewürfelt
1 **rote Paprika**, gewürfelt
3 **Frühlingszwiebeln**, gehackt
50 g **getrocknete Heidelbeeren**
Salz und Pfeffer

Senfdressing
3 EL **Distelöl**
4 EL **Dijon-Senf**
1 EL **Rotweinessig**

Das Hähnchenfleisch würfeln und in eine große Schüssel geben. Reis, Ananas, Paprika, Frühlingszwiebeln und Heidelbeeren untermischen und alles mit Salz und Pfeffer würzen.

Für das Dressing Öl, Senf, Essig und 2 Esslöffel Wasser verrühren und mit Salz und Pfeffer würzen.

Das Dressing über die Huhn-Reis-Mischung geben, alles umrühren und sofort servieren.

Für einen Flageolet-Reissalat mit Walnüssen und Heidelbeeren anstelle von Ananas und getrockneten Heidelbeeren 150 g frische Heidelbeeren verwenden. Zusätzlich 75 g Walnusskernhälften und 1 Dose (410 g) Flageoletbohnen, abgegossen und abgespült, zufügen. Alles wie oben beschrieben mischen und anmachen.

Bohnen-Paprika-Salat mit Cabanossi

Für **4 Personen**
Zubereitungszeit **10 Minuten**, plus Abkühlzeit
Koch- und Backzeit **20 Minuten**

3 **rote Paprika**, halbiert
1 EL **Olivenöl**
1 **Zwiebel**, in Spalten geschnitten
75 g **Cabanossi-Wurst**, in dünne Scheiben geschnitten
2 Dosen (je 410 g) **dicke weiße Bohnen**, abgespült und abgetropft
1 EL **Balsamico**
1 **rote Chili**, entkernt und in Ringe geschnitten

Die Paprikahälften mit der Hautseite nach oben auf ein Backblech legen und unter dem vorgeheizten Backofengrill 8–10 Minuten rösten, bis die Haut schwarz ist. Die Paprika mit feuchtem Küchenpapier abgedeckt soweit abkühlen lassen, bis man sie anfassen kann, dann häuten und das Fruchtfleisch in Streifen schneiden.

Das Öl in einer beschichteten Pfanne erhitzen und die Zwiebel darin 5–6 Minuten glasig dünsten. Die Cabanossi zugeben und 1–2 Minuten knusprig braten.

Bohnen und Balsamico mischen. Röstpaprika, Zwiebel-Cabanossi-Mischung und Chili zufügen und alles gut umrühren. Den Salat auf Tellern anrichten und nach Wunsch mit Walnussbrot servieren.

Für einen Bohnen-Paprika-Salat mit Oliven und Halloumi die Cabanossi weglassen und stattdessen 50 g halbierte entsteinte schwarze Oliven unter die Bohnen mischen. 75 g Halloumi in Scheiben schneiden und goldgelb grillen. Den Salat auf Teller verteilen und den gegrillten Käse darauf anrichten.

Italia-Salat mit gegrillter Hähnchenbrust

Für **4 Personen**
Zubereitungszeit **20 Minuten**, plus Abkühlzeit
Koch- und Backzeit ca. **15 Minuten**

4 **Hähnchenbrustfilets**, je 125 g
8 kleine **Flaschentomaten**, halbiert
Olivenölspray
400 g neue **Kartöffelchen**
75 g **junge Spinatblätter**
Salz und Pfeffer

Italienisches Dressing
10 **Basilikumblätter**, gehackt
2 EL gehackter **Oregano**
1 **Knoblauchzehe**, gehackt
1 EL **Olivenöl**
2 EL **Zitronensaft**
1 EL **Dijon-Senf**
abgeriebene Schale von 1 **unbehandelten Zitrone**

Die Hähnchenfilets mit einem scharfen Messer waagerecht halbieren, nebeneinander auf einen Grillrost legen und die Tomaten daneben setzen. Alles salzen und pfeffern und mit Öl besprühen.

Unter dem vorgeheizten Backofengrill 4 Minuten braten, bis das Hähnchenfleisch gerade gar und noch saftig ist. Abkühlen lassen, dann das Fleisch in mundgerechte Stücke schneiden.

Unterdessen die ungeschälten Kartoffeln weich dämpfen oder kochen. Abkühlen lassen und in Scheiben schneiden.

Für das Dressing alle Zutaten gut verrühren.

Hähnchen, Spinat, Tomaten und Kartoffeln in einer Schale mischen. Kurz vor dem Servieren das Dressing über den Salat geben.

Für einen vegetarischen Italia-Salat die Hähnchenbrustfilets weglassen und stattdessen 200 g Keniabohnen 3 Minuten kochen und 2 Esslöffel Pinienkerne kurz im Ofen goldbraun rösten. Den Salat ansonsten wie oben beschrieben zubereiten: Die Bohnen mit den übrigen Salatzutaten mischen, das Dressing darübergeben und den Salat mit gerösteten Pinienkernen und Parmesanspänen bestreut servieren.

Quinoa-Salat mit Asia-Röstfilet

Für **4 Personen**
Zubereitungszeit **10 Minuten**, plus Abkühlzeit
Koch- und Backzeit **15 Minuten**

1 EL **Distelöl**
2 **Sternanisfrüchte**
1 EL **feiner Zucker**
1 TL **Fünf-Gewürze-Pulver**
1 EL **Sojasauce**
1 EL **Paprikapulver**
500 g **Schweinefilet**, in Scheiben geschnitten
300 g **Quinoa**
200 g **Zuckererbsen**, halbiert
4 **Frühlingszwiebeln**, gehackt
1 kleiner **Chinakohl**, in dünne Streifen geschnitten
Dillzweige (optional)

Joghurtdressing
125 g **Naturjoghurt**
2 EL **Wasser**
2 EL gehackter **Dill**
Salz und Pfeffer

Öl, Sternanisfrüchte, Zucker, 5-Gewürze-Pulver, Sojasauce und Paprika verrühren. Die Filetscheiben hineingeben, alles gut mischen, in einen Bräter geben und abgedeckt im vorgeheizten Ofen bei 180 °C 15 Minuten rösten, bis das Fleisch gerade gar, aber nicht trocken ist. Aus dem Ofen nehmen und ohne Deckel abkühlen lassen.

Unterdessen das Quinoa gemäß Packungsanweisung garen und abkühlen lassen.

Abgekühltes Quinoa, Zuckererbsen, Frühlingszwiebeln und Chinakohl mischen. Das Fleisch, nach Wunsch mitsamt Bratensaft, zufügen.

Für das Dressing alle Zutaten gut verrühren und mit Salz und Pfeffer würzen. Den Salat mit dem Dressing beträufeln und nach Wunsch mit Dillzweigen garniert servieren.

Für ein Tandoori-Röstfilet 2 Esslöffel Tandoori-Gewürz und 100 g Joghurt verrühren und über das Filet geben. Wie oben beschrieben rösten. Für ein Dressing nach Raita-Art als Beilage zum Fleisch ½ kleinen Weißkohl in dünne Streifen schneiden, 1 Karotte reiben und beides mit 300 g Joghurt und 1 Esslöffel gerösteten Kreuzkümmelsamen mischen.

Italienischer Brokkolisalat mit Ei

Für **4 Personen**
Zubereitungszeit **10 Minuten**
Kochzeit **8 Minuten**

300 g **Brokkoli**
2 kleine **Porreestangen**, insgesamt 300 g
4 EL **Zitronensaft**
2 EL **Olivenöl**
2 TL **Honig**
1 EL **Kapern**, gut abgetropft
2 EL gehackter **Estragon**
4 hart gekochte **Eier**
Salz und Pfeffer

Den Brokkoli in Röschen teilen, die Brokkolistiele und den Porree in dicke Scheiben schneiden. Den Brokkoli im Dampfgarer 3 Minuten dämpfen, dann den Porree zufügen und alles weitere 2 Minuten dämpfen.

Zitronensaft, Öl, Honig, Kapern und Estragon in einer Salatschüssel verrühren und mit Salz und Pfeffer würzen.

Die Eier schälen und in grobe Stücke schneiden.

Brokkoli und Porree in das Dressing geben, gut umrühren und mit den klein geschnittenen Eiern bestreuen. Den Salat nach Wunsch mit Estragonzweigen garnieren und warm mit dicken Vollkornbrotscheiben servieren.

Für einen Brokkoli-Blumenkohl-Salat mit Ei statt 300 g Brokkoli 150 g Brokkoli und 150 g Blumenkohl verwenden. Den Blumenkohl in kleine Röschen schneiden und mit dem Brokkoli dämpfen. Diese Salatvariante mit einem Blauschimmelkäse-Dressing servieren: Dafür 75 g Blauschimmelkäse, 6 gehackte getrocknete Tomaten in Öl und 3 Esslöffel Balsamico verrühren.

Putenspieße auf Bulgursalat

Für **4 Personen**
Zubereitungszeit **10 Minuten**, plus Marinierzeit
Koch- und Backzeit **20 Minuten**

2 EL **Distelöl**
2 EL **Zitronensaft**
1 TL **Paprikapulver**
3 EL gehackte **glatte Petersilie**, plus zusätzliche zum Garnieren
400 g **Putenbrust**, gewürfelt
Salz und Pfeffer

Bulgursalat
400 ml **Hühnerbrühe**
250 g **Bulgur**
1 Dose (410 g) **Linsen**, abgespült und abgetropft
½ **Gurke**, gewürfelt
10 **Kirschtomaten**
20 g **Minze**, gehackt
Zitronenspalten, zum Garnieren

Hummus dressing
4 EL **Hummus**
1 EL **Zitronensaft**

8 Holzspieße in warmem Wasser einweichen. Öl, Zitronensaft, Paprika und Petersilie verrühren und mit Salz und Pfeffer würzen. Die Putenwürfel hineingeben, alles gut mischen und mindestens 20 Minuten marinieren.

Die Putenwürfel abtropfen lassen (die Marinade weggießen) und auf die Spieße stecken. Unter dem vorgeheizten Backofengrill unter ein- oder zweimaligem Wenden 10 Minuten gar grillen.

Unterdessen die Brühe zum Kochen bringen und den Bulgur gemäß Packungsanweisung darin garen. Abgießen, ausbreiten und abkühlen lassen. Linsen, Gurke, Tomaten und Minze unter den abgekühlten Bulgur mischen.

Für das Dressing Hummus, Zitronensaft und 1 Esslöffel Wasser verrühren.

Das Putenfleisch von den Spießen lösen, auf dem Bulgursalat anrichten und mit Zitronenspalten und Petersilie garniert servieren. Das Dressing getrennt dazu reichen.

Für einen Nudelsalat anstelle des Bulgursalats Linsen und Bulgur durch 250 g gekochte kleine kurze Nudeln ersetzen. Statt des Hummus-Dressings 200 g Quark, 10 g gehacktes Basilikum und 10 g gehackte Minze verrühren.

Orangen-Avocado-Salat

Für **4 Personen**
Zubereitungszeit **10 Minuten**

4 große **Orangen**
2 kleine reife **Avocados**
2 TL **Kardamomkapseln**
3 EL mildes **Olivenöl**
1 EL **Honig**
1 Prise gemahlener **Piment**
2 TL **Zitronensaft**
Salz und Pfeffer
Brunnenkressezweige,
  zum Garnieren

Schale und Weißes von den Orangen entfernen. Die Orangenfilets durch Schnitte entlang der Trennwände auslösen, dabei den Saft in einer Schüssel auffangen.

Die Avocados schälen, in Scheiben schneiden und mit den Orangenfilets mischen. Auf Teller verteilen.

Ein paar ganze Kardamomkapseln zum Dekorieren beiseite legen. Die restlichen Kapseln vorsichtig zerstoßen, die Samen herauslesen und die Schalen wegwerfen. Kardamomsamen, Öl, Honig, Piment, Zitronensaft, Salz und Pfeffer und den aufgefangenen Orangensaft verrühren.

Die angerichtete Avocado-Orangen-Mischung mit Brunnenkresse bestreuen, mit dem Dressing beträufeln und mit den Kardamomkapseln dekoriert servieren.

Für einen Grapefruit-Avocado-Salat die Orangen durch 2 große Grapefruits ersetzen und 100 g Heidelbeeren zufügen. Den Piment durch 1 Teelöffel Muskat ersetzen.

Chili-Koriander-Salat mit Rinderstreifen

Für **4 Personen**
Zubereitungszeit **20 Minuten**
Koch- und Backzeit
   10 Minuten

400 g **Rumpsteaks**
4 **Weizentortillas**,
   in je 8 Spalten geschnitten
75 g **junge Spinatblätter**
Salz und Pfeffer

Limetten-Koriander-
   Dressing
15 g frische **Korianderblätter**
2 EL **Limettensaft**
1 EL **Distelöl**
1 **Knoblauchzehe**, zerdrückt
1 **rote Chili**, fein gehackt

Die Rumpsteaks pfeffern. Eine große Pfanne erhitzen und die Steaks darin auf hoher Stufe scharf anbraten, bis sie außen gebräunt, innen aber noch rosa sind (je nach Dicke der Steaks dauert das auf jeder Seite 1–3 Minuten). Bei Zimmertemperatur ruhen lassen.

Die Tortillastücke unter dem vorgeheizten Backofengrill unter gelegentlichem Schütteln des Backblechs 5 Minuten knusprig rösten. Beiseite stellen und abkühlen lassen.

Unterdessen für das Dressing alle Zutaten gut miteinander verrühren.

Die Steaks in dünne Streifen schneiden und auf den Spinatblättern anrichten. Kurz vor dem Servieren das Dressing darübergeben und den Salat mit den gerösteten Tortillastücken servieren.

Für Quetschkartöffelchen mit Korianderdressing als Beilage 750 g neue Kartöffelchen 12 Minuten weich kochen. Die Kartöffelchen leicht zerquetschen (aber nicht zu Püree zerstampfen), mit dem Limetten-Koriander-Dressing beträufeln und mit einer Handvoll Pinienkernen bestreut servieren.

Bohnensalat mit Kräuterdressing

Für **4 Personen**
Zubereitungszeit **10 Minuten**

1 Dose (720 g) **dicke weiße Bohnen**, abgespült und abgetropft
25 g **Serranoschinken**, klein geschnitten
4 reife **Tomaten**, in Scheiben geschnitten
1 **Gemüsezwiebel**, in dünne Ringe geschnitten

Kräuterdressing
20 g **glatte Petersilie**, gehackt
20 g **Minze**, gehackt
abgeriebene Schale und Saft von 2 **unbehandelten Zitronen**
2 **Knoblauchzehen**, zerdrückt
1 EL **Olivenöl**
2 TL **Apfelessig**
1 TL gehackte **Sardellen** (optional)
Salz und Pfeffer

Bohnen, Schinken, Tomatenscheiben und Zwiebel in einer Salatschale anrichten.

Für das Dressing Petersilie, Minze, Zitronenschale, Zitronensaft, Knoblauch, Öl und Essig verrühren. Mit Salz und Pfeffer würzen und nach Wunsch die Sardellen unterrühren.

Das Dressing über den Salat träufeln und alles sofort servieren.

Für einen Kichererbsen-Thunfisch-Salat mit Kräuterdressing statt der dicken weißen Bohnen und des Schinkens 2 Dosen (je 410 g) Kichererbsen und 1 Dose (180 g) Thunfisch verwenden. Kichererbsen und Thunfisch abgießen und mischen, dann Tomaten und Zwiebel zugeben und alles auf Teller verteilen. Das Dressing zubereiten und über den Salat geben. Mit Ciabatta servieren.

Salat mit Wachteleiern und Lachs

Für **4 Personen**
Zubereitungszeit **15 Minuten**
Kochzeit **3–6 Minuten**

12 **Wachteleier**
200 g **grüner Spargel**
1 **roter Eichblattsalat**
1 kleiner **Friséesalat**
250 g **Räucherlachs-scheiben**
Saft von 1 **Limette**
Salz und Pfeffer
Kerbelzweige, zum Garnieren

Zitronendressing
abgeriebene Schale und Saft von 2 **unbehandelten Zitronen**
½ TL **scharfer Senf**
1 **Eigelb**
6 EL **Olivenöl**

Die Wachteleier 3 Minuten kochen, dann abgießen und unter fließend kaltem Wasser abschrecken. Die Eier schälen und bis zur weiteren Verarbeitung in gesalzenes Wasser legen.

Unterdessen den Spargel in einem Topf mit kochendem Wasser bei mittlerer Hitze 3–5 Minuten weich kochen. Abgießen, unter fließend kaltem Wasser abschrecken und beiseite stellen.

Für das Dressing Zitronenschale, Zitronensaft, Senf und Eigelb in einem Mixer kurz verquirlen. Dann bei laufendem Gerät auf niedriger Stufe langsam das Öl zugießen. Mit Salz und Pfeffer abschmecken.

Eichblatt- und Friséesalat gründlich waschen und harte Stiele entfernen. Salatblätter und Spargel in eine Schüssel geben, zwei Drittel des Dressings darübergießen und durch vorsichtiges Umrühren gleichmäßig verteilen. Den Salat auf 4 Tellern anrichten.

Den Räucherlachs in 4 Portionen teilen, auf den Salat geben und mit dem Limettensaft beträufeln. Die Eier halbieren, auf den Salat setzen, mit dem restlichen Dressing beträufeln und alles mit Kerbelzweigen garniert servieren.

Für einen Salat mit Ei und Räucherforelle die Wachteleier durch 4 Hühnereier und den Räucherlachs durch dieselbe Menge geräucherte Forellenfilets ersetzen. Die Eier 10 Minuten kochen, die Forellenfilets häuten, in Stücke teilen und mit den geviertelten Eiern auf dem angemachten Salat anrichten.

Griechischer Tintenfischsalat

Für **4 Personen**
Zubereitungszeit **30 Minuten**
Kochzeit **2 Minuten**

500 g **küchenfertig vorbereitete Tintenfische**
2 EL **Zitronensaft**
2 EL **Olivenöl**
1 **Knoblauchzehe**, gehackt
2 EL **gehackte glatte Petersilie**
500 g **neue Kartoffeln**, mit Schale gekocht
200 g **Kirschtomaten**, halbiert
4 **Frühlingszwiebeln**, gehackt
Salz und Pfeffer
Zitronenspalten, zum Servieren

Die Tintenfischtuben einmal quer und einmal längs halbieren. Die entstehenden Rechtecke auf einer Seite mit einem Zickzackmuster einritzen und mit dem Zitronensaft und mit etwas Salz und Pfeffer mischen.

Eine schwere Brat- oder Grillpfanne erhitzen und die Tintenfischstücke darin auf hoher Stufe auf jeder Seite 1 Minute braten. Öl, Knoblauch und Petersilie zugeben, alles einmal umrühren, vom Herd nehmen und abkühlen lassen.

Kartoffeln, Tomaten und Frühlingszwiebeln in einer Schüssel mischen. Den Tintenfisch mitsamt Dressing darübergeben und alles mit Zitronenspalten garniert servieren.

Für einen Garnelensalat mit grünen Oliven die Tintenfische durch 500 g ausgelöste rohe Riesengarnelen ersetzen (Tiefkühlware auftauen und unter kaltem Wasser abspülen). Die Garnelen salzen, pfeffern, mit dem Zitronensaft mischen und in der Pfanne rosa braten. Wie oben beschrieben fortfahren, zusätzlich 50 g in Scheiben geschnittene entsteinte grüne Oliven zugeben. Den Salat mit abgeriebener Zitronenschale bestreut servieren.

Salat mit Krebsfleisch und Grapefruit

Für **4 Personen**
Zubereitungszeit **10 Minuten**

400 g **weißes Krebsfleisch**
1 **Grapefruit**, filetiert
50 g **Rucola**
3 **Frühlingszwiebeln**,
  in Ringe geschnitten
200 g **Zuckererbsen**, halbiert
Salz und Pfeffer

Brunnenkressedressing
85 g **Brunnenkresse**,
  dickere Stiele entfernt
1 EL **Dijon-Senf**
2 EL **Olivenöl**

Zum Servieren
4 **Chapatis**
Limettenspalten

Krebsfleisch, Grapefruit, Rucola, Frühlingszwiebeln und Zuckererbsen in einer Schüssel mischen und mit Salz und Pfeffer würzen.

Für das Dressing Brunnenkresse, Senf und Öl im Mixer glatt pürieren und mit Salz würzen.

Die Chapatis toasten. Das Dressing über den Salat geben und alles gut umrühren. Den angemachten Salat mit getoasteten Chapatis und Limettenspalten servieren.

Für einen Garnelen-Kartoffel-Spargelsalat das Krebsfleisch durch 400 g gekochte ausgelöste Garnelen und die Grapefruit durch 100 g gekochten grünen Spargel ersetzen. Zusätzlich 200 g gekochte und abgekühlte Kartoffeln zugeben und alles wie oben beschrieben zubereiten.

Frühlingsgemüsesalat

Für **4 Personen**
Zubereitungszeit **10 Minuten**
Koch- und Backzeit
 10 Minuten

200 g frische oder
 tiefgefrorene **Erbsen**
200 g **grüner Spargel**
200 g **Zuckererbsen**
2 **Zucchini**, längs in dünne
 Scheiben geschnitten
1 **Fenchelknolle**, in dünne
 Streifen geschnitten
abgeriebene Schale und
 Saft von 1 **unbehandelten**
 Zitrone
1 TL **Dijon-Senf**
1 TL **Honig**
1 EL gehackte
 glatte **Petersilie**
2 EL **Olivenöl**

Knoblauchbrot
4 **Ciabatta-Brötchen**,
 aufgeschnitten
1 **Knoblauchzehe**

Erbsen, Spargel und Zuckererbsen in einen Topf mit gesalzenem kochendem Wasser geben und 3 Minuten köcheln lassen. Abgießen und unter kaltem Wasser abschrecken.

Blanchiertes Gemüse, Zucchini und Fenchel in einer großen Schüssel mischen.

Zitronenschale, Zitronensaft, Senf, Honig, Petersilie und 1 Esslöffel Öl in einer anderen Schüssel verquirlen, über das Gemüse geben und alles gut umrühren.

Die Schnittflächen der Brötchen mit der Knoblauchzehe einreiben und mit dem restlichen Öl beträufeln. Unter dem vorgeheizten Backofengrill auf beiden Seiten goldbraun toasten. Zum Salat servieren.

Für pochierte Eier auf Chilitoast 4 Scheiben Mehrkornbrot entrinden, mit 1 Esslöffel Chiliöl beidseitig bestreichen und wie oben beschrieben goldbraun toasten. Wasser und 1 Teelöffel Essig in einem Topf zum Köcheln bringen und darin 4 Eier pochieren. Die Eier abtropfen lassen und auf den Toasts zum Salat servieren.

Garnelen-Quinoa-Salat

Für **4 Personen**
Zubereitungszeit **10 Minuten**
Kochzeit **10 Minuten**

300 g **Quinoa**
75 g **Zuckererbsen**, blanchiert und halbiert
200 g **grüner Spargel**, gekocht, abgekühlt und in mundgerechte Stücke geschnitten
50 g **Erbsensprossen**
400 g gekochte große **Garnelen**, ausgelöst
Salz und Pfeffer

Cranberry-Nuss-Dressing
2 EL **Olivenöl**
2 EL **Zitronensaft**
20 g **getrocknete Cranberrys**
50 g **Haselnüsse**, gehackt und geröstet

Das Quinoa gemäß Packungsanweisung garen. Beiseite stellen und abkühlen lassen.

Abgekühltes Quinoa, Zuckererbsen und Spargel in einer Schüssel mischen.

Für das Dressing alle Zutaten gut verrühren.

Erbsensprossen und Garnelen auf die Quinoa-Mischung geben. Das Dressing darüberträufeln und den Salat sofort servieren.

Für einen Garnelen-Bulgur-Salat das Quinoa durch 300 g Bulgur ersetzen. Für ein nussigeres Dressing die Cranberrys weglassen und stattdessen 25 g gehobelte Mandeln mit den gehackten Haselnüssen anrösten. Mandeln, Haselnüsse, Olivenöl und Schale und Saft von 1 unbehandelten Orange vermengen und über den Salat geben.

Salat mit Räucherhuhn und Zwiebel

Für **4 Personen**
Zubereitungszeit **10 Minuten**

300 g **geräuchertes Hähnchenbrustfilet**
2 **rote Zwiebeln**, in dünne Spalten geschnitten
150 g **Kirschtomaten**, halbiert
50 g **Kürbiskerne**, geröstet
75 g **gemischter Blattsalat**
Salz und Pfeffer

Avocadodressing
1 **Avocado**, gewürfelt
2 EL **Limettensaft**
1 EL **Dijon-Senf**

Das geräucherte Hähnchenfleisch in Würfel oder Streifen schneiden. Die Zwiebelspalten mit Wasser abspülen.

Für das Dressing Avocado, Limettensaft, Senf und Salz und Pfeffer im Mixer pürieren.

Hähnchenfleisch, Zwiebeln, Tomaten, Kürbiskerne und Blattsalate mischen und mit dem Dressing beträufelt servieren.

Für einen Nudel-Brokkoli-Salat mit Räucherhuhn
250 g Rigatoni in kochendem gesalzenem Wasser gemäß Packungsanweisung garen. 3 Minuten vor Ende der Kochzeit 250 g in kleine Röschen geschnittenen Brokkoli ins Nudelwasser geben und blanchieren. Nudeln und Brokkoli abgießen, unter kaltem Wasser abschrecken und gut abtropfen lassen. Hähnchenfleisch, Zwiebeln, Tomaten, Kürbiskerne, Nudeln und Brokkoli mischen, auf einem Bett aus den Blattsalaten anrichten und mit dem Dressing beträufelt servieren.

Desserts

Mango-Maracuja-Trifle

Für **4 Personen**
Zubereitungszeit **10 Minuten**
plus Abkühlzeit

4 **Löffelbiskuits**
150 g **Magerjoghurt**
(0,2 % Fett)
200 g **saure Sahne**
4 **Maracujas**
1 **Mango**, gewürfelt

Die Löffelbiskuits in je 4 Stücke brechen und auf 4 Bechergläser verteilen.

Joghurt und saure Sahne verrühren. Das Fruchtmark aus den Maracujas herauslösen.

Etwas Maracujamark über die Löffelbiskuits geben, dann die Hälfte der Mangostücke darauf verteilen.

Die Hälfte der Joghurtcreme darübergeben und die restlichen Mangostücke daraufschichten.

Mit der restlichen Joghurtcreme abschließen und das restliche Fruchtmark darüberträufeln. Bis zu 1 Stunde kalt stellen oder sofort servieren.

Für einen Ananas-Erdbeer-Trifle die Mango durch 400 g geschälte, gewürfelte Ananas und die Maracujas durch 125 g halbierte Erdbeeren ersetzen. Alternativ können beliebige tiefgefrorene Früchte verwendet werden, wobei jedoch darauf zu achten ist, dass das Obst vor der Zubereitung vollständig aufgetaut ist. Den Trifle wie oben beschrieben zubereiten.

Käsekuchen

Für **10 Personen**
Zubereitungszeit **10 Minuten**
  plus Abkühlzeit
Koch- und Backzeit
  50 Minuten

50 g **Butter**
175 g **Haferkekse**, zerstoßen
500 g **Magerquark**
125 g **Zucker**
2 **Eier**
abgeriebene Schale und
  Saft von 2 **unbehandelten Orangen**
abgeriebene Schale und
  Saft von 1 **unbehandelten Zitrone**
75 g **Sultaninen**
Orangen- und Zitronenschalenzesten, zum Dekorieren

Eine beschichtete Springform (Ø 20 cm) leicht einfetten.

Die Butter in einem Topf zerlassen und die Kekskrümel unterrühren. Die Mischung in die Form geben und am Boden und Rand andrücken. Im vorgeheizten Ofen bei 150 °C 10 Minuten backen.

Die restlichen Zutaten in einer Schüssel verrühren. Die Quarkmasse auf den vorgebackenen Boden geben und 40 Minuten backen, bis sie gerade fest ist. Den Ofen ausschalten und den Kuchen 1 Stunde im Ofen abkühlen lassen.

Anschließend den Kuchen 2 Stunden im Kühlschrank kalt stellen. Mit Orangen- und Zitronenzesten dekoriert servieren.

Für einen Limetten-Käsekuchen mit Himbeeren
Orangen, Zitrone und Sultaninen durch 2–3 Tropfen Vanillearoma und abgeriebene Schale und Saft von 1 unbehandelten Limette ersetzen. Den Kuchen wie oben beschrieben zubereiten und kühlen. Vor dem Servieren mit 125 g Himbeeren dekorieren.

Panna Cotta mit Maracuja

Für **4 Personen**
Zubereitungszeit **20 Minuten**
  plus Gelierzeit

2 Blatt **Gelatine**
8 **Maracujas**
200 g **saure Sahne**
125 g **Magerjoghurt**
  (0,2 % Fett)
1 TL **Zucker**
1 **Vanilleschote**,
  längs geteilt

Die Gelatine in kaltem Wasser einweichen. Die Maracujas halbieren und die Kerne herauslösen, dabei den Saft in einer Schüssel auffangen. Die Kerne zum Dekorieren beiseite stellen.

Saure Sahne, Joghurt und Maracujasaft verrühren.

100 ml Wasser, Zucker und Vanilleschotenmark unter Rühren langsam erhitzen, bis der Zucker sich aufgelöst hat. Die Gelatine abtropfen lassen, in den Topf geben und unter Rühren auflösen lassen. Auf Zimmertemperatur abkühlen lassen.

Die Gelatinemischung unter die Joghurtcreme rühren. Auf 4 Ramequin- oder Puddingformen verteilen und 6 Stunden im Kühlschrank erstarren lassen.

Die Formen kurz in sehr heißes Wasser tauchen, um die Panna Cotta vom Rand zu lösen und auf Dessertteller zu stürzen. Mit den beiseite gestellten Maracujakernen dekoriert servieren.

Für Mokka-Panna-Cotta die Maracujas durch 2 Teelöffel sehr starken Kaffee ersetzen, ansonsten wie oben beschrieben verfahren. Nach Wunsch mit schokolierten Kaffeebohnen dekoriert servieren.

Himbeerquark mit Shortbread

Für **4 Personen**
Zubereitungszeit **5 Minuten**

300 g **Himbeeren**,
  grob zerkleinert
75 g **Shortbread-Kekse**,
  grob zerstoßen
400 g **fettarmer Quark**
2 EL **Puderzucker oder Süßstoff**

Einige Himbeeren zum Dekorieren beiseite stellen. Alle übrigen Zutaten in einer Schüssel mischen und auf 4 Gläser verteilen.

Mit den beiseite gestellten Himbeeren dekoriert sofort servieren.

Für einen Erdbeer-Baiser-Quark statt Himbeeren und Shortbread 300 g Erdbeeren und 4 Baisers verwenden. Die Erdbeeren halbieren oder vierteln und mit Quark und Puderzucker bzw. Süßstoff mischen. Die Baisers in grobe Stücke brechen und unter den Erdbeerquark heben. Die Mischung auf Gläser verteilen und sofort servieren.

Joghurt brûlé mit Mango und Maracuja

Für **4 Personen**
Zubereitungszeit **10 Minuten**
 plus Abkühlzeit
Kochzeit **2 Minuten**

Fruchtmark von 2 **Maracujas**
300 g **fettarmer Naturjoghurt**
200 g **saure Sahne**
1 EL **Puderzucker**
einige Tropfen **Vanillearoma**
1 kleine **Mango**, in dünne
 Scheiben geschnitten
2 EL **feiner Zucker**

Maracujamark, Joghurt, saure Sahne, Puderzucker und Vanillearoma in einer Schüssel verrühren. Auf 4 Ramequin-Formen verteilen und die Oberfläche glatt streichen. Die Mangoscheiben fächerförmig darauflegen.

Mit dem feinen Zucker bestreuen und unter dem vorgeheizten Backofengrill 1–2 Minuten überbacken, bis der Zucker geschmolzen ist. 30 Minuten kalt stellen, dann servieren.

Für Joghurt brûlé mit Pflaume und Pfirsich die Mango durch 2 in Scheiben geschnittene Pfirsiche und das Maracujamark durch 4 feste, aber reife klein geschnittene Pflaumen ersetzen. Die Pfirsichscheiben auf den Boden der Formen legen, die Pflaumen-Joghurtcreme darübergeben, glatt streichen und mit feinem Zucker und fein gehacktem kandiertem Ingwer bestreut überbacken.

Heidelbeer-Joghurteis mit Zitrone

Für **4 Personen**
Zubereitungszeit **10 Minuten**
plus Gefrierzeit

500 g frische **Heidelbeeren**
500 g **Magerjoghurt**
(0,2 % Fett)
125 g **Puderzucker**,
plus zusätzlichen zum Dekorieren
abgeriebene Schale von 2 **unbehandelten Zitronen**
1 EL **Zitronensaft**

Einige Heidelbeeren zum Dekorieren beiseite stellen. Restliche Heidelbeeren, Joghurt, Puderzucker, Zitronenschale und Zitronensaft im Mixer glatt pürieren.

Die Mischung in eine Gefrierdose (600 ml) geben und tiefgefrieren.

Zum Verzehr sollte das Joghurteis leicht gefroren und mit einem Löffel einfach zu portionieren zu sein. Das Eis auf Glasschalen verteilen, mit den beiseite gestellten Heidelbeeren dekorieren und mit etwas Puderzucker bestäubt servieren. Innerhalb von 3 Tagen aufbrauchen.

Für Pfirsich-Waffeln mit Cassis-Joghurteis

4 küchenfertige Waffeln leicht toasten, mit je 1 in Scheiben geschnittenen Pfirsich aus der Dose belegen, mit Honig beträufeln und mit Cassis-Joghurteis servieren. Für das Cassis-Joghurteis die Heidelbeeren durch 500 g tiefgefrorene schwarze Johannisbeeren ersetzen, ansonsten wie oben beschrieben verfahren. Das Eis kann alternativ auch mit derselben Menge tiefgefrorenen Brombeeren oder Himbeeren zubereitet werden.

Birnen mit Ahornsirupkeksen

Für **4 Personen**
Zubereitungszeit **20 Minuten**
Koch- und Backzeit
 50 Minuten

2 **Vanilleschoten**,
 längs geteilt
3 EL **Honig**
375 ml **lieblicher Weißwein**
125 g **Zucker**
4 **feste Birnen**, wie z. B.
 Abate oder Williams Christ,
 geschält, entkernt und
 halbiert

Ahornsirupkekse
25 g **fettreduzierte
 Pflanzenmargarine**
2 EL **Ahornsirup**
1 EL **Zucker**
50 g **Mehl**
1 **Eiweiß**

Vanilleschoten, Honig, Wein und Zucker in einen Topf geben, in dem alle Birnen Platz haben. Die Mischung erhitzen, bis der Zucker sich aufgelöst hat. Die Birnen hineingeben (sie sollten knapp bedeckt sein, bei Bedarf noch etwas Wasser zugießen) und 30 Minuten sehr weich köcheln. Mit einem Schaumlöffel herausnehmen und beiseite stellen.

Den Sirup 15 Minuten köcheln und reduzieren lassen, dann ebenfalls beiseite stellen.

Für die Kekse Margarine, Ahornsirup und Zucker gut verrühren, dann das Mehl untermischen. Das Eiweiß steif schlagen und vorsichtig unter die Masse heben.

Den Teig teelöffelweise mit viel Abstand auf ein leicht gefettetes Backblech setzen. Im vorgeheizten Ofen bei 200 °C 8 Minuten goldbraun backen. Auf einem Drahtgitter abkühlen lassen.

Die Birnen mit einem Stück Vanilleschote dekorieren und mit einem Keks und mit etwas Sirup beträufelt servieren.

Für Vanille-Rosenwasser-Pfirsiche anstelle der Birnen dieselbe Menge Pfirsiche verwenden und wie oben beschrieben 20 Minuten im Sirup weich pochieren (halbierte Früchte brauchen weniger lange). Die Pfirsiche herausnehmen und den Sirup 15 Minuten einkochen, dann 1–2 Esslöffel Rosenwasser unterrühren. Wie oben beschrieben fertig stellen.

Baisernester mit Erdbeeren

Für **4 Personen**
Zubereitungszeit **15 Minuten**
Koch- und Backzeit
  2½ Stunden

3 **Eiweiß**
150 g **brauner Zucker**
3 TL **Speisestärke**
1 TL **Weißweinessig**
5 Tropfen **Vanillearoma**
250 g **Erdbeeren**, in
  Scheiben geschnitten

4 kleine Tarte- oder Ramequin-Formen mit Backpapier auslegen. Die Eiweiße steif schlagen, dann löffelweise den Zucker zugeben und jeweils gut unterrühren, bevor der nächste Löffel zugefügt wird.

Stärke, Essig und Vanillearoma unter den Eischnee ziehen.

Die Mischung auf die Formen verteilen und im vorgeheizten Ofen bei 120 °C 2½ Stunden backen.

Die Erdbeeren in eine kleine Auflaufform geben und 1 Stunde vor Ende der Backzeit in den Ofen schieben und mitbacken.

Zum Servieren die Erdbeeren auf den Baisernestern anrichten und mit ihrem Saft beträufeln.

Für gebackene Nektarinen auf Orangenbaisers, die abgeriebene Schale von 1 unbehandelten Orange mit der Stärke unter den Eischnee ziehen. 2 geschälte und entsteinte Nektarinen in dünne Scheiben schneiden und in eine kleine Auflaufform geben. 2 Esslöffel Zucker und 1 Esslöffel Orangensaft darübergeben und alles die letzten 45 Minuten mit den Baisers mitbacken. Die Nektarinen auf den Baisers angerichtet servieren.

Limetten-Mango-Sorbet

Für **4 Personen**
Zubereitungszeit **10 Minuten**
plus Gefrierzeit
Kochzeit **5 Minuten**

150 g **Zucker**
250 ml **Limettensaft**
abgeriebene Schale von
 1 **unbehandelten Limette**
3 **Mangos**, geschält
 und entsteint
2 **Eiweiß**

Eine eckige Gefrierdose mit Frischhaltefolie auslegen. Zucker und 250 ml Wasser in einem Topf auf niedriger Stufe erhitzen, bis der Zucker sich aufgelöst hat. Vom Herd nehmen und Limettensaft und -schale unterrühren.

Unterdessen das Mangofruchtfleisch im Mixer zu einer glatten Masse pürieren (4 dünne Mangoscheiben zum Dekorieren aufbewahren). Das Mangopüree unter den Limettensirup ziehen. Die Mischung in die Gefrierdose geben und mindestens 4 Stunden oder über Nacht im Gefrierschrank fest werden lassen.

Das Sorbet aus der Dose nehmen, in den Mixer geben, die Eiweiße zufügen und alles glatt pürieren. Die Mischung zurück in die Dose geben und im Gefrierschrank fest werden lassen. Das Sorbet innerhalb von 3 Tagen verzehren, da frische Fruchtsorbets schnell an Geschmack verlieren und dieses Sorbet zudem rohe Eier enthält. Zum Servieren das Sorbet in Kugeln oder Scheiben portionieren und mit den aufbewahrten Mangoscheiben dekorieren. Dazu ein paar dünne Kekse reichen.

Für ein Maracujasorbet die Mangos weglassen und statt des Limettensaftes 250 ml Maracujasaft verwenden. Der Saft kann gekauft oder aus frischem Obst selbst gewonnen werden: Zum Selbermachen die Maracujas halbieren, Kerne und Fruchtmark herauslösen und durch ein Sieb streichen (die im Sieb verbleibenden Kerne wegwerfen).

Schoko-Beeren-Rolle

Für **4 Personen**
Zubereitungszeit **20 Minuten**
 plus Abkühlzeit
Kochzeit **15 Minuten**

3 große **Eier**
100 g **Zucker**
5 Tropfen **Mokkaaroma**
50 g **Mehl**
25 g **Kakao**
150 g **saure Sahne**
150 g **Magerjoghurt**
 (0,2 % Fett)
25 g **Puderzucker**, plus
 zusätzlichen zum
 Bestäuben
1 EL **Schokoladensauce**
200 g **gemischte Beeren**,
 ggf. klein geschnitten, plus
 zusätzliche zum Dekorieren

Ein Biskuitrollenblech (20 cm x 30 cm) einfetten und mit Backpapier auslegen. Eier und Zucker sehr schaumig schlagen (der Rührbesen sollte eine bleibende Spur hinterlassen). Das Mokkaaroma unterziehen, Mehl und Kakao auf die Mischung sieben und vorsichtig unterheben.

Den Teig auf das vorbereitete Blech geben und im vorgeheizten Ofen bei 200°C 15 Minuten backen.

Ein sauberes Geschirrtuch auf der Arbeitsfläche ausbreiten und ein Stück Backpapier darauflegen. Den fertig gebackenen Biskuitboden auf das Backpapier stürzen, vorsichtig aufrollen und abkühlen lassen.

Saure Sahne, Joghurt, Puderzucker und Schokoladensauce verrühren.

Die Biskuitrolle entrollen, mit der Joghurtcreme bestreichen, mit den Beeren bestreuen und wieder aufrollen. Mit Puderzucker bestäuben und mit zusätzlichen Beeren dekoriert sofort servieren.

Für eine Erdbeer-Vanille-Rolle, den Kakao weglassen, die Mehlmenge auf 75 g erhöhen und statt des Mokkaaromas ½ Teelöffel Vanillearoma verwenden. Die Rolle mit 200 g geviertelten Erdbeeren füllen und nach Wunsch mit zusätzlichen, in Scheiben geschnittenen Erdbeeren dekoriert servieren.

Gefrorener Himbeer-Nektarinen-Joghurt

Für **4 Personen**
Zubereitungszeit **15 Minuten** plus Gefrierzeit

300 g **frische Himbeeren**
3 **Nektarinen**, gehäutet, entsteint und klein geschnitten
2 EL **Puderzucker**
400 g **Naturjoghurt**
200 g **Magerjoghurt** (0,2 % Fett)

Die Hälfte der Himbeeren und Nektarinen im Mixer glatt pürieren.

Fruchtpüree, restliche Früchte und übrige Zutaten verrühren. In eine Gefrierdose füllen und 1 Stunde tiefgefrieren. Kräftig durchrühren, zurück in den Gefrierschrank stellen und fest werden lassen.

Den gefrorenen Joghurt zu kleinen Kugeln portioniert servieren. Er hält sich im Gefrierschrank bis zu 1 Monat.

Für gefrorenen Erdbeerjoghurt klein geschnittene Erdbeeren in 2 Esslöffeln rotem Traubensaft bei schwacher Hitze weich köcheln, dann durch ein Sieb passieren. Erdbeerpüree, 1 EL Cassislikör, 2 Esslöffel Puderzucker und 300 g Naturjoghurt verrühren und wie oben beschrieben tiefgefrieren.

Beeren-Muffins

Ergibt **12 Personen**
Zubereitungszeit **15 Minuten**
Backzeit **25 Minuten**

250 g **Mehl**
4 EL **Zucker**
1 EL **Backpulver**
1 **Ei**, verquirlt
200 ml **Milch**
50 ml **Distelöl**
200 g **gemischte Beeren**, grob klein geschnitten

Alle Zutaten mit Ausnahme der Beeren zu einem glatten Teig verrühren. Die Beeren unterheben.

Ein Muffinblech mit 12 Vertiefungen mit Papierförmchen auslegen. Den Teig auf die Förmchen verteilen und im vorgeheizten Ofen bei 180 °C 25 Minuten backen, bis ein eingestochenes Holzstäbchen sauber bleibt. Auf einem Drahtgitter abkühlen lassen.

Für Bananen-Pekannuss-Muffins anstatt der gemischten Beeren 200 g klein geschnittene Bananen und 125 g gehackte Pekannüsse verwenden (die Bananen sollten reif, aber noch fest sein). Die Muffins warm mit Ahornsirup beträufelt servieren.

Schokoladen-Nektarinen-Kuchen

Für **6 Personen**
Zubereitungszeit **15 Minuten**
Kochzeit **45 Minuten**

3 **Nektarinen**
75 g **Zartbitterschokolade**, gehackt
25 g **Butter**
2 **Eigelb**
75 g **Zucker**
5 **Tropfen Mokkaaroma**
4 **Eiweiß**
Kakaopulver, zum Bestäuben

Eine runde Kuchenform (Ø 26 cm) mit Backpapier auslegen und einfetten. Die Nektarinen in eine Schüssel geben und mit kochendem Wasser überbrühen. 1 Minute stehen lassen, dann die Haut abziehen. Die gehäuteten Nektarinen halbieren, entsteinen, mit Küchenpapier trocken tupfen und mit der Schnittfläche nach unten in die vorbereitete Form legen.

Schokolade und Butter in eine feuerfeste Schüssel geben und über einem Topf mit köchelndem Wasser schmelzen.

Eigelbe und Zucker sehr schaumig schlagen, bis der Rührbesen beim Herausnehmen eine Spur hinterlässt (die Mischung sollte sehr hell und recht fest sein). Mokkaaroma und die Schokoladen-Butter-Mischung unterziehen.

Die Eiweiße steif schlagen. Einen Löffel Eischnee unter den Teig rühren, dann den restlichen Eischnee vorsichtig unterheben. Den Teig über die Nektarinen geben.

Im vorgeheizten Ofen bei 180 °C 45 Minuten backen, bis ein eingestochenes Holzstäbchen sauber bleibt. Mit Kakaopulver bestäubt warm oder kalt servieren.

Kirschparfait mit Zimt

Für **4 Personen**
Zubereitungszeit **10 Minuten**
 plus Gefrierzeit
Kochzeit **5 Minuten**

1 Glas (350 g)
 Schattenmorellen
1 Prise **Zimt**
5 Tropfen **Vanillearoma**
1 EL **Zucker**
1 **Eigelb**
150 g **saure Sahne**
4 **Baisers**, in Stücke gebrochen
frische Kirschen, zum Dekorieren

Die Kirschen abgießen und 100 ml von dem Saft in einen kleinen Topf geben. Zimt, Vanillearoma und Zucker unterrühren und alles 5 Minuten erhitzen, bis der Zucker sich aufgelöst hat. Beiseite stellen und abkühlen lassen.

Eigelb und saure Sahne verrühren. Die abgetropften Kirschen in den Sirup geben, die saure Sahne unterrühren und vorsichtig die Baiserstücke unterheben.

Die Mischung in eine Gefrierdose (300 ml) geben und mindestens 4 Stunden tiefgefrieren. Das Parfait halbgefroren mit frischen Kirschen dekoriert servieren und innerhalb eines Tages aufbrauchen.

Für ein Ananasparfait anstelle der Schattenmorellen 1 Dose (400 g) Ananasringe abtropfen lassen und klein schneiden. Den Saft wie oben verarbeiten. Das Eigelb weglassen, Ananas, Sirup und saure Sahne verrühren, die Baiserstücke unterheben und alles wie oben beschrieben tiefgefrieren.

Ricotta-Käsekuchen mit Ahornsirup

Für **6 Personen**
Zubereitungszeit **20 Minuten**
plus Abkühlzeit

3 Blatt **Gelatine**
125 g **Zwieback**, zerstoßen
50 g **fettreduzierte Pflanzenmargarine**, zerlassen
200 g **Hüttenkäse**
200 g **Ricotta**
2 **Eiweiß**
25 g **Puderzucker**, gesiebt
25 ml **Zitronensaft**
4 EL **Ahornsirup**
Orangenzweige und Johannisbeerrispen, zum Garnieren

Eine Springform (Ø 20 cm) mit Backpapier auslegen. Die Gelatine in kaltem Wasser einweichen.

Zwieback und geschmolzene Margarine mischen, auf den Boden der vorbereiteten Form geben und andrücken. Kalt stellen.

Hüttenkäse und Ricotta durch ein Sieb streichen und verrühren. Die Eiweiße sehr steif schlagen, dann den Puderzucker zugeben und unterrühren, bis der Eischnee glänzt.

Zitronensaft und 50 ml Wasser in einem Topf auf kleiner Stufe erhitzen. Die Gelatine zugeben und unter Rühren auflösen lassen. Gelatinemischung und Ahornsirup zur Ricottacreme geben, dann den Eischnee unterheben. Die Masse auf dem Zwiebackboden verteilen und im Kühlschrank fest werden lassen – mit Orangenzweigen und Johannisbeerrispen garniert servieren.

Für einen Himbeer-Ricotta-Käsekuchen mit Schokosauce 250 g Himbeeren zusammen mit dem Eischnee unter die Ricottamischung heben. Ansonsten wie oben beschrieben zubereiten. Zum Servieren 200 g Zatzbitterschokolade mit 4 Esslöffeln hellem Sirup schmelzen und über den Kuchen träufeln.

Banoffee-Mousse

Für **4 Personen**
Zubereitungszeit **10 Minuten**
plus Gelierzeit

2 Blatt **Gelatine**
3 EL **Dulce de Leche**
(Milchkonfitüre) **oder**
Karamellsauce
125 g **saure Sahne**
65 g **honiggesüßte**
Bananenchips, gehackt
4 **Eiweiß**

Die Gelatine 2 Minuten in kaltem Wasser einweichen.

Dulce de Leche bzw. Karamellsauce in einem kleinen Topf auf niedriger Stufe erhitzen. Die abgetropfte Gelatine zugeben und unter Rühren auflösen lassen.

Gelatinemischung und saure Sahne gut verrühren. Die Bananenchips zugeben (einige ganze Chips zum Dekorieren aufbewahren).

Das Eiweiß steif schlagen und unter die Karamellcreme heben. Die Mousse auf 4 Gläser verteilen und im Kühlschrank fest werden lassen. Mit den aufbewahrten Bananenchips und nach Wunsch mit einem zusätzlichen Löffel Dulce de Leche garniert servieren.

Für eine Bananen-Karamell-Creme mit Haselnüssen 2 frische Bananen mit der Gabel zerdrücken. Bananenmus, Dulce de Leche und saure Sahne verrühren (Gelatine und Eischnee weglassen). Die Creme mit 50 g gerösteten gehackten Haselnüssen bestreut servieren.

Brownies

Ergibt **9 Portionen**
Zubereitungszeit **10 Minuten**
Backzeit **30 Minuten**

125 g **fettreduzierte Pflanzenmargarine**
2 Eier
125 g **brauner Zucker**
75 g **Mehl**
¾ TL **Backpulver**
50 g **Kakao**, plus zusätzlichen zum Dekorieren
50 g **Zartbitterschokolade**, gehackt
5 Tropfen **Mokkaaroma**
Salz

Eine quadratische Kuchenform (18 cm x 18 cm) einfetten und mit Backpapier auslegen.

Margarine, Eier und Zucker schaumig schlagen. Mehl, Backpulver und Kakao daraufsieben und untermischen. Schokolade, Mokkaaroma, 1 Prise Salz und 1 Teelöffel kochendes Wasser unterrühren.

Den Teig in die vorbereitete Form geben und im vorgeheizten Ofen bei 190 °C 30 Minuten backen, bis ein in die Mitte eingestochenes Holzstäbchen sauber bleibt. In der Form abkühlen lassen, dann in 9 Quadrate schneiden. Mit etwas Kakao bestäubt servieren.

Für eine Rum-Rosinen-Sauce zu den Brownies 300 ml Milch, 2 Esslöffel Stärke, 4 Esslöffel Rum und 4 Esslöffel Rosinen in einem Topf langsam erhitzen und nach Geschmack zuckern. Die Sauce über die abgekühlten Brownies geben und sofort servieren.

Sommerliches Beerenkompott

Für **2 Personen**
Zubereitungszeit: **5 Minuten** plus Kühlzeit
Kochzeit: **5 Minuten**

250 g **gemischte Beeren**, z. B. Himbeeren, Heidelbeeren und Erdbeeren (Tiefkühlware aufgetaut)
fein abgeriebene Schale und Saft von 1 großen **unbehandelten Orange**
1 EL rotes **Johannisbeergelee**
250 g **Soja-Naturjoghurt**, zum Servieren

Beeren, Orangenschale, Orangensaft und Johannisbeergelee in einem großen Topf abgedeckt 5 Minuten kochen, bis die Früchte weich werden und ihren Saft abgeben.

Den Topf vom Herd nehmen und abkühlen lassen. Das Kompott im Kühlschrank gut durchkühlen und auf dem Sojajoghurt angerichtet servieren.

Für ein Rhabarber-Orangen-Kompott mit Ingwer

Beeren und Johannisbeergelee weglassen und stattdessen 1 kg Rhabarber in 2 cm große Stücke schneiden. 250 g Zucker und 150 ml Wasser zum Kochen bringen, den Rhabarber hineingeben und 5 Minuten köcheln lassen. Abkühlen lassen. Abgeriebene Schale und Saft von 1 Orange und 3 Esslöffel gehackten kandierten Ingwer unterrühren. Das Kompott gut gekühlt servieren.

Register

Ahornsirup:
Ahornsirupkekse 210
Ricotta-Käsekuchen mit Ahornsirup 226
Ananas: Ananas-Erdbeer-Trifle 198
Ananasparfait 224
Chili-Filetspieße mit Ananasreis 38
Reissalat mit Huhn und Ananas 166
Thunfisch-Pizza mit Ananas 76
Aprikosen: Schweinefleisch-Aprikosen-Tagine 32
Auberginen-Dip 44
Auflauf: Gemüseauflauf mit Streusel-Käse-Kruste 152
Röstgemüse-Kartoffel-Auflauf 152
Avocados:
Avocadodressing 194
Avocadosalsa 64
Cajun-Salsa 24
Garnelen-Wrap mit Mango und Avocado 78
Grapefruit-Avocado-Salat 178
Jakobsmuschelspieße mit Gurken-Avocado-Relish 26
Orangen-Avocado-Salat 178

Baisers: Baisernester mit Erdbeeren 212
Erdbeer-Baiser-Quark 204
Gebackene Nektarinen auf Orangenbaisers 212
Kirschparfait mit Zimt 224
Bananen: Bananen-Karamell-Creme mit Haselnüssen 228
Bananen-Pekannuss-Muffins 220
Banoffee-Mousse 228
Beeren: Beeren-Muffins 220
Schoko-Beeren-Rolle 216
Sommerliches Beerenkompott 232
Birnen: Birnen mit Ahornsirupkeksen 210
Birnen-Schokoladenkuchen 222
Bohnen:
Avocadosalsa 64
Bohneneintopf mit Petersilienpesto 60
Bohnen-Kartoffel-Schmortopf 146
Bohnen-Kräuter-Dip 44
Bohnen-Paprika-Salat mit Cabanossi 168
Bohnen-Paprika-Salat mit Oliven und Halloumi 168
Bohnen-Petersilien-Suppe 128
Bohnensalat mit Kräuterdressing 182
Bohnen-Tomaten-Schmortopf 146
Cajun-Salsa 24
Hühner-Reispfanne mit Kidneybohnen 36
Seeteufelspieß mit Pestobohnen 90
siehe auch grüne Bohnen
Brokkoli: Brokkoli-Blumenkohl-Salat mit Ei 174
Italienischer Brokkolisalat mit Ei 174
Nudel-Brokkoli-Salat mit Räucherhuhn 194
Brot: Knoblauchbrot 190
Kräuterfladen 154

Brownies 230
Brunnenkresse: Brunnenkressedressing 188
Erbsen-Brunnenkresse-Suppe mit Minznote 130
Garnelen mit sautiertem Blattsalat 62
Hühner-Nudelsuppe mit Miso 42
Bulgur: Garnelen-Bulgur-Salat 192
Lachs-Bulgur-Pilaw 52
Putenspieße auf Bulgursalat 176
Schinken-Bulgur-Pilaw 52

Cajun-Salsa 24
Chillies: Bohnen-Kräuter-Dip 44
Chilidressing 74
Chili-Filetspieße mit Ananasreis 38
Chili-Honig-Dip 148
Chili-Kasslerspieße 38
Chili-Koriander-Salat mit Rinderstreifen 180
Filetstreifen mit Paprika und Reisnudeln 56
Limetten-Chili-Hähnchenstücke 96
Chinesische Hühner-Paprika-Pfanne 66
Chinesische Lammspieße 48
Couscous: Kräuter-Pinienkern-Pilaw mit Granatapfel 144
Lamm-Pflaumen-Tagine 32
Limetten-Schnittlauch-Couscous 20
Schwertfisch mit Couscous 82
Currys: Cashew-Zucchini-Curry 132
Goanesisches Auberginencurry 132

Dips: Auberginen-Dip 44
Bohnen-Kräuter-Dip 44
Chili-Honig-Dip 148

Eier: Brokkoli-Blumenkohl-Salat mit Ei 174
Italienischer Brokkolisalat mit Ei 174
Linsensalat mit Eiern 162
Pochierte Eier auf Chilitoast 190
Salat mit Ei und Räucherforelle 184
Salat mit Wachteleiern und Lachs 184
Tomatenschellfisch mit Eiern 102
siehe auch Frittata, Omelett
Eis: Heidelbeer-Joghurteis mit Zitrone 208
Pfirsich-Waffeln mit Cassis-Joghurteis 208
Enchiladas: Gemüse-Enchiladas 50
Thunfisch-Enchiladas 50
Erbsen: Erbsen-Brunnenkresse-Suppe mit Minznote 130
Erbsen-Salat-Suppe 130
Frühlingsgemüsesalat 190
Gelbe Erbsen-Paprika-Bratlinge 106
Zucchini-Erbsen-Cremesuppe 126
Erdbeeren: Ananas-Erdbeer-Trifle 198
Baisernester mit Erdbeeren 212
Erdbeer-Baiser-Quark 204
Erdbeer-Vanille-Rolle 216
Gefrorener Erdbeerjoghurt 218

Erdnüsse: Hähnchen-
spieße 16
Thailändischer
Nudelsalat 160
Vietnamesische
Röllchen mit
Erdnussdip 148

Fenchel: Gazpacho 124
Lachs auf
Petersilienlinsen 88
Ofen-Ratatouille 154
Schweinefilet mit
buntem Gemüse 112
Flageolet-Reissalat mit
Walnüssen und
Heidelbeeren 166
Frittata: Kürbis-Feta-
Frittata 150
Süßkartoffel-Ziegen-
käse-Frittata 150
Zucchini-Frittata
mit Minze 68
Zucchini-Frittata mit
Schinken und
Oliven 68
Frühlingsgemüsesalat 190
Frühlingszwiebel-Gouda-
Törtchen 142

Garnelen: Garnelen mit
sautiertem Blattsalat 62
Garnelen-Bulgur-
Salat 192
Garnelen-Kartoffel-
Spargelsalat 188
Garnelen-Quinoa-
Salat 192
Garnelensalat mit
grünen Oliven 186
Garnelenspieße mit
Relish 26
Garnelen-Wrap mit
Mango u. Avocado 78
Indonesischer
Garnelensalat 114
Reis-Garnelen-
Salat 160
Riesengarnelen in
Rösttomatensauce 86

Scharf-süßer Garne-
len-Reissalat mit
Schweinefleisch 114
Tomatengarnelen mit
Zitrone 102
Gazpacho 124
Weiße Gazpacho 124
Gebratene Nudeln mit
Lammstreifen 14
Gelbe Erbsen-Paprika-
Bratlinge 106
Gemüse: Asia-Wraps 94
Gemüseauflauf mit
Streusel-Käse-
Kruste 152
Gemüse-Enchiladas 50
Lammfilet mit
Röstgemüse 98
Miso-Nudelsuppe mit
Omelettstreifen 42
Röstgemüse-
Hummus-Tortillas 54
Röstgemüse-
Kartoffel-Auflauf 152
Vietnamesische
Röllchen mit
Erdnussdip 148
Wurzelgratin mit
Kräuterkruste 138
Grapefruit-Avocado-
Salat 178
Gratins: Mischkartoffel-
gratin mit Roter Bete
und Nusskruste 138
Wurzelgratin mit
Kräuterkruste 138
Griechischer
Tintenfischsalat 186
grüne Bohnen:
Bohnen-Kohlsalat 134
Jakobsmuscheln mit
grünen Bohnen 90
Lachs auf
Petersilienlinsen 88
Gurke: Gurken-
Avocado-Relish 26
Gurken-Raita 140
Weizensalat mit
Räucherforelle 164
Zaziki 106

Halloumi: Gegrillter
Halloumi 144
Haselnüsse: Bananen-
Karamell-Creme mit
Haselnüssen 228
Heidelbeeren: Flageolet-
Reissalat mit Wal-
nüssen und Heidel-
beeren 166
Heidelbeer-Joghurteis
mit Zitrone 208
Himbeeren: Gefrorener
Himbeer-Nektarinen-
Joghurt 218
Himbeerquark mit
Shortbread 204
Himbeer-Ricotta-
Käsekuchen 226
Limetten-Käsekuchen
mit Himbeeren 200
Hühnerfleisch: Chili-
Hähnchen-Wraps 18
Chinesische Hühner-
Paprika-Pfanne 66
Hähnchen-Fajitas mit
Tomatensalsa 64
Hähnchen Tikka 96
Hähnchenbrust auf
Pestopolenta 104
Hähnchenbrust auf
Pesto-Wurzel-
püree 104
Hähnchenbrust mit Zi-
trone und Petersilie 18
Hähnchenspieße 16
Hühner-Nudelsuppe
mit Miso 42
Hühner-Reispfanne
mit Kichererbsen 36
Hühner-Reispfanne
mit Kidneybohnen 36
Italia-Salat mit
gegrillter Hähnchen-
brust 170
Limetten-Chili-
Hähnchenstücke 96
Nudel-Brokkoli-Salat
mit Räucherhuhn 194
Paprika-Hühnertopf
mit Rotwein 108

Pikante Hähnchen-
Wraps 78
Reissalat mit Huhn
und Ananas 166
Salat mit Räucher-
huhn 194
Soba-Nudeln mit
Huhn 84
Hummus: Hummus-
Dressing 176
Lamm-Hummus-
Tortillas 54
Röstgemüse-
Hummus-Tortillas 54

Indonesischer
Garnelensalat 114
Italia-Salat mit gegrillter
Hähnchenbrust 170
Italienischer Brokkoli-
salat mit Ei 174

Jakobsmuscheln:
Jakobsmuscheln mit
grünen Bohnen 90
Jakobsmuschelspieße
mit Gurken-Avocado-
Relish 26
Japanischer Reis
mit Nori 84
Joghurt: Dhal-Bratlinge
mit Joghurt-Relish 140
Gefrorener Erdbeer-
joghurt 218
Gefrorener Himbeer-
Nektarinen-
Joghurt 218
Gurken-Raita 140
Heidelbeer-Joghurteis
mit Zitrone 208
Joghurt brûlé mit Man-
go und Maracuja 206
Joghurt brûlé mit
Pflaume und
Pfirsich 206
Joghurtdressing 172
Lammspieße mit
Minzmarinade 48
Mango-Maracuja-
Trifle 198

235

Panna Cotta mit Maracuja 202
Schoko-Beeren-Rolle 216
Zaziki 106

Kapern: Italienischer Brokkolisalat mit Ei 174
Karamell: Bananen-Karamell-Creme mit Haselnüssen 228
Banoffee-Mousse 228
Joghurt brûlé mit Mango und Maracuja 206
Joghurt brûlé mit Pflaume und Pfirsich 206
Karotten: Karotten-Kichererbsen-Suppe 122
Karotten-Linsen-Suppe 122
Kartoffeln: Bohnen-Kartoffel-Schmortopf 146
Garnelen-Kartoffel-Spargelsalat 188
Hähnchenbrust auf Pesto-Wurzelpüree 104
Italia-Salat mit gegrillter Hähnchenbrust 170
Lammfilet mit Röstgemüse 98
Paprika-Hühnertopf mit Rotwein 108
Quetschkartöffelchen mit Korianderdressing 180
Röstgemüse-Kartoffel-Auflauf 152
Tomatengarnelen mit Zitrone 102
Käse: Bohnen-Paprika-Salat mit Oliven und Halloumi 168
Frühlingszwiebel-Gouda-Törtchen 142
Gegrillter Halloumi 144
Gerösteter Kürbis mit Feta 136
Kürbis-Feta-Frittata 150
Pizza mit Schinken und Rucola 76
Porree-Käse-Törtchen 142
Röstkürbis mit Blauschimmelkäse und schwarzen Oliven 136
Spargel-Dolcelatte-Risotto 156
Thunfisch-Enchiladas 50
siehe auch Ziegenkäse
Käsekuchen:
Käsekuchen 200
Himbeer-Ricotta-Käsekuchen 226
Limetten-Käsekuchen mit Himbeeren 200
Ricotta-Käsekuchen mit Ahornsirup 226
Kichererbsen: Hühner-Reispfanne mit Kichererbsen 36
Hummus 54
Karotten-Kichererbsen-Suppe 122
Kichererbsen-Petersilien-Suppe 128
Kichererbsen-Thunfisch-Salat mit Kräuterdressing 182
Kichererbsen-Tomatensuppe 120
Kichererbsentopf mit Rösttomaten 70
Lamm-Kichererbsen-Burger 34
Kirschparfait mit Zimt 224
Knoblauch:
Knoblauchbrot 190
Knoblauchpilze mit sautiertem Blattsalat 62
Kokos: Goanesisches Auberginencurry 132
Limetten-Kokos-Dressing 160
Schellfischpäckchen mit Kokosreis 22
Scholle mit Kräuter-Kokos-Kruste 28
Krebs: Salat mit Krebsfleisch und Grapefruit 188
Kuchen: Birnen-Schokoladenkuchen 222
Brownies 230
Schokoladen-Nektarinen-Kuchen 222
Kürbis: Gerösteter Kürbis mit Feta 136
Kürbis-Feta-Frittata 150
Kürbisrisotto mit rotem Reis 134
Röstkürbis mit Blauschimmelkäse und schwarzen Oliven 136

Lachs: Cajun-Lachsfilet mit Salsa 24
Lachs auf Petersilienlinsen 88
Lachs-Bulgur-Pilaw 52
Lachspäckchen mit Sesamreis 22
Lammfleisch: Chinesische Lammspieße 48
Gebratene Nudeln mit Lammstreifen 14
Gegrilltes Lamm mit Kapernäpfeln 72
Gegrilltes Lamm mit Tapenade 72
Koriander-Minze-Lamm 92
Kräuterlamm 98
Lamm mit Paprika-Reisfüllung 92
Lammfilet mit Röstgemüse 98
Lamm-Hummus-Tortillas 54
Lamm-Kichererbsen-Burger 34
Lamm-Pflaumen-Tagine mit Graupen 32
Lammspieße mit Minzemarinade 48
Limetten: Limetten-Chili-Hähnchenstücke 96
Hähnchenspieße 16
Limetten-Käsekuchen mit Himbeeren 200
Limetten-Kokos-Dressing 160
Limetten-Koriander-Dressing 180
Limetten-Mango-Sorbet 214
Limetten-Schnittlauch-Couscous 20
Linsen: Dhal-Bratlinge mit Joghurt-Relish 140
Karotten-Linsen-Suppe 122
Lachs auf Petersilienlinsen 88
Linsensalat mit Eiern 162
Linsensalat mit Ziegenkäse 162
Schweineschnitzel mit Linsengemüse 88
Weizensalat mit Räucherforelle 164
Litschis: Schweinefleisch mit grüner Paprika und Litschis 66

Mais: Thailändischer Nudelsalat 160
Mangos: Garnelen-Wrap mit Mango und Avocado 78
Joghurt brûlé mit Mango und Maracuja 206
Limetten-Mango-Sorbet 214
Mango-Maracuja-Trifle 198
Maracuja: Joghurt brûlé mit Mango und Maracuja 206

Mango-Maracuja-Trifle 198
Panna Cotta mit Maracuja 202
Maracujasorbet 214
Minze: Erbsen-Brunnenkresse-Suppe mit Minznote 130
Zucchini-Frittata mit Minze 68
Miso: Hühner-Nudelsuppe mit Miso 42
Miso-Nudelsuppe mit Omelettstreifen 42
Mokka-Panna-Cotta 202
Muffins: Bananen-Pekannuss-Muffins 220
Beeren-Muffins 220

Nektarinen: Gebackene Nektarinen auf Orangenbaisers 212
Gefrorener Himbeer-Nektarinen-Joghurt 218
Schokoladen-Nektarinen-Kuchen 222
Nudeln: Filetstreifen mit Paprika und Reisnudeln 56
Gebratene Nudeln mit Lammstreifen 14
Hühner-Nudelsuppe mit Miso 42
Indonesischer Garnelensalat 114
Limetten-Chili-Hähnchenstücke 96
Nudel-Brokkoli-Salat mit Räucherhuhn 194
Nudelsalat 176
Penne mit Rösttomaten 30
Seehecht mit Nudeln und Salsa 82
Sesamthunfisch auf pikanten Nudeln 74
Soba-Nudeln mit Huhn 84
Teriyaki-Wolfsbarsch mit Nudeln 46

Thailändischer Nudelsalat 160

Ofen-Ratatouille 154
Omelett: Miso-Nudelsuppe mit Omelettstreifen 42
Orangen: Gebackene Nektarinen auf Orangenbaisers 212
Käsekuchen 200
Orangen-Avocado-Salat 178
Rhabarber-Orangen-Kompott mit Ingwer 232
Schweinefilet mit Orangenmarinade 100

Pancetta-Pilztopf mit Rotwein 108
Panna Cotta: Mokka-Panna-Cotta 202
Panna Cotta mit Maracuja 202
Paprika: Bohnen-Paprika-Salat mit Cabanossi 168
Bohnen-Paprika-Salat mit Oliven 168
Cajun-Salsa 24
Chinesische Hühner-Paprika-Pfanne 66
Filetstreifen mit Paprika und Reisnudeln 56
Gelbe Erbsen-Paprika-Bratlinge 106
Hähnchen-Fajitas mit Tomatensalsa 64
Hühner-Reispfanne mit Kidneybohnen 36
Indonesischer Garnelensalat 114
Lamm mit Paprika-Reisfüllung 92
Lamm-Hummus-Tortillas 54
Lammspieße mit Minzemarinade 48

Ofen-Ratatouille 154
Orangen-Honig-Filetstreifen mit Paprika 56
Paprika-Steak-Spieße 20
Paprika-Tomaten-Cremesuppe 126
Rinderfilet mit Paprikakruste 110
Röstgemüse-Kartoffel-Auflauf 152
Schweinefilet mit buntem Gemüse 112
Schweinefleisch mit grüner Paprika und Litschis 66
Seeteufelspieß mit Pestobohnen 90
Tomaten-Paprika-Schmortopf 120
Penne: Penne mit Rösttomaten 30
Penne mit Rösttomaten, Pinienkernen und Rosinen 30
Pesto: Hähnchenbrust auf Pestopolenta 104
Hähnchenbrust auf Pesto-Wurzelpüree 104
Jakobsmuscheln mit grünen Bohnen 90
Petersilienpesto 60
Petersilienpesto-Salat 60
Seeteufelspieß mit Pestobohnen 90
Petersilienpesto-Salat 60
Pfirsich: Joghurt brûlé mit Pflaume und Pfirsich 206
Pfirsich-Waffeln mit Cassis-Joghurteis 208
Vanille-Rosenwasser-Pfirsiche 210
Pflaumen: Joghurt brûlé mit Pflaume und Pfirsich 206

Lamm-Pflaumen-Tagine 32
Pflaumen-Wasabi-Sauce 94
Pilaw: Kräuter-Pinienkern-Pilaw mit Granatapfel 144
Lachs-Bulgur-Pilaw 52
Schinken-Bulgur-Pilaw 52
Pilze: Gemüse-Enchiladas 50
Hühner-Nudelsuppe mit Miso 42
Knoblauchpilze mit sautiertem Blattsalat 62
Pancetta-Pilztopf mit Rotwein 108
Rinderfilet mit Pilzkruste 110
Sesamtofu mit Shiitake-Pilzen 74
Porree: Italienischer Brokkolisalat mit Ei 174
Lammfilet mit Röstgemüse 98
Porree-Käse-Törtchen 142
Putenfleisch: Puten-Burger mit Süßkartoffelecken 34
Putenspieße auf Bulgursalat 176

Quark: Erdbeer-Baiser-Quark 204
Himbeerquark mit Shortbread 204
Quinoa: Garnelen-Quinoa-Salat 192
Quinoa-Salat mit Asia-Röstfilet 172

Ratatouille 154
Räucherfisch: Salat mit Ei und Räucherforelle 184

Salat mit Wachteleiern
und Lachs 184
Tomatenschellfisch
mit Eiern 102
Weizensalat mit
Räucherforelle 164
Weizensalat mit
Räuchermakrele 164
Reis: Chili-Filetspieße
mit Ananasreis 38
Chinesische Hühner-
Paprika-Pfanne 66
Flageolet-Reissalat
mit Walnüssen und
Heidelbeeren 166
Gebratener
Gemüsereis mit
Filetstreifen 14
Hühner-Reispfanne
mit Kidneybohnen 36
Japanischer Reis
mit Nori 84
Lachspäckchen mit
Sesamreis 22
Lamm mit Paprika-
Reisfüllung 92
Petersilienpesto-
Salat 60
Reis-Garnelen-
Salat 160
Reissalat mit Huhn
und Ananas 166
Scharf-süßer Garne-
len-Reissalat mit
Schweinefleisch 114
Schellfischpäckchen
mit Kokosreis 22
siehe auch Risotto
Rhabarber-Orangen-
Kompott mit
Ingwer 232
Ricotta: Himbeer-Ricot-
ta-Käsekuchen 226
Ricotta-Käsekuchen
mit Ahornsirup 226
Riesengarnelen in
Rösttomatensauce 86
Rindfleisch: Chili-
Koriander-Salat mit
Rinderstreifen 180

Paprika-Steak-
Spieße 20
Rinderfilet mit
Paprikakruste 110
Rinderfilet mit
Pilzkruste 110
Zitronengras-
Rinderstreifen mit
Tamarinde 116
Risotto: Kürbisrisotto
mit rotem Reis 34
Rucola-Risotto 156
Spargel-Dolcelatte-
Risotto 156
Rosinen: Rum-
Rosinen-Sauce 230
Rosmarin-Schwertfisch-
spieße 58
Rucola: Garnelen mit
sautiertem
Blattsalat 62
Pizza mit Schinken
und Rucola 76
Rucola-Risotto 156
Rum-Rosinen-
Sauce 230

Salat 159–195
Bohnen-Kohlsalat 134
Bohnen-Paprika-Salat
mit Cabanossi 168
Bohnen-Paprika-Salat
mit Oliven 168
Bohnensalat mit
Kräuterdressing 182
Brokkoli-Blumenkohl-
Salat mit Ei 174
Chili-Koriander-Salat
mit Rinderstreifen 180
Erbsen-Salat-
Suppe 130
Flageolet-Reissalat
mit Walnüssen und
Heidelbeeren 166
Frühlingsgemüse-
salat 190
Garnelen-Bulgur-
Salat 192
Garnelen-Kartoffel-
Spargelsalat 188

Garnelen-Quinoa-
Salat 192
Garnelensalat mit
grünen Oliven 186
Grapefruit-
Avocado-Salat 178
Griechischer Tinten-
fischsalat 186
Indonesischer
Garnelensalat 114
Italia-Salat mit
gegrillter Hähnchen-
brust 170
Italienischer
Brokkolisalat
mit Ei 174
Kichererbsen-
Thunfisch-Salat mit
Kräuterdressing 182
Linsensalat mit
Eiern 162
Linsensalat mit
Ziegenkäse 162
Nudel-Brokkoli-Salat
mit Räucherhuhn 194
Nudelsalat 176
Orangen-Avocado-
Salat 178
Petersilienpesto-
Salat 60
Putenspieße auf
Bulgursalat 176
Quinoa-Salat mit
Asia-Röstfilet 172
Reis-Garnelen-
Salat 160
Reissalat mit Huhn
und Ananas 166
Salat mit Ei und
Räucherforelle 184
Salat mit Krebsfleisch
und Grapefruit 188
Salat mit Räucher-
huhn 194
Salat mit Wachteleiern
und Lachs 184
Soba-Nudeln mit
Huhn 84
Thailändischer
Nudelsalat 160

Vegetarischer
Italia-Salat 170
Weizensalat mit
Räucherforelle 164
Weizensalat mit
Räuchermakrele 164
Salsa: Avocadosalsa 64
Cajun-Lachsfilet mit
Salsa 24
Salsa Verde 24
Schwertfisch mit
Couscous 82
Seehecht mit Nudeln
und Salsa 82
Tomatensalsa 64
Sardellen:
Salsa Verde 24
Saucen: Chili-Honig-Dip 148
Pflaumen-Wasabi-
Sauce 94
Rum-Rosinen-
Sauce 230
Teriyaki-Sauce 46
Scharf-süßer Garnelen-
Reissalat mit
Schweinefleisch 114
Schellfisch:
Schellfischpäckchen
mit Kokosreis 22
Tomatenschellfisch
mit Eiern 102
Zitronengras-
Schellfischspieße 58
Schinken: Pizza mit
Schinken und
Rucola 76
Schinken-Bulgur-
Pilaw 52
Seeteufelspieß mit
Pestobohnen 90
Zucchini-Frittata mit
Schinken und
Oliven 68
Schokolade: Birnen-
Schokoladen-
kuchen 222
Brownies 230
Himbeer-Ricotta-
Käsekuchen 226

Schoko-Beeren-Rolle 216
Schokoladen-Nektarinen-Kuchen 222
Schweinefleisch:
Asiatisch mariniertes Schweinefilet 100
Chili-Filetspieße mit Ananasreis 38
Filetstreifen mit Paprika und Reisnudeln 56
Gebratener Gemüsereis mit Filetstreifen 14
Orangen-Honig-Filetstreifen mit Paprika 56
Quinoa-Salat mit Asia-Röstfilet 172
Scharf-süßer Garnelen-Reissalat mit Schweinefleisch 114
Schweinefilet mit buntem Gemüse 112
Schweinefilet mit Orangen-marinade 100
Schweinefleisch mit grüner Paprika und Litschis 66
Schweinefleisch-Aprikosen-Tagine 32
Schweineschnitzel mit Linsengemüse 83
Tandoori-Röstfilet 172
Thailändischer Nudelsalat 160
Schwertfisch: Rosmarin-Schwertfisch-spieße 58
Schwertfisch mit Couscous 82
Seehecht mit Nudeln und Salsa 82
Seeteufelspieß mit Pestobohnen 90
Seezunge mit Mandelkruste 28

Senfdressing 166
Sesam: Asia-Wraps mit Sesam-Ingwer-Sauce 94
Sesamcroûtons 130
Sesamthunfisch auf pikanten Nudeln 74
Sesamtofu mit Shiitake-Pilzen 74
Sojasauce: Asiatisch mariniertes Schweinefilet 100
Hähnchenspieße 16
Teriyaki-Sauce 46
Sommerliches Beerenkompott 232
Spargel: Frühlings-gemüsesalat 190
Garnelen-Kartoffel-Spargelsalat 188
Garnelen-Quinoa-Salat 192
Salat mit Wachteleiern und Lachs 184
Spargel-Dolcelatte-Risotto 156
Spieße: Chili-Filetspieße mit Ananasreis 38
Chili-Kasslerspieße 38
Chinesische Lammspieße 48
Garnelenspieße mit Relish 26
Jakobsmuscheln mit grünen Bohnen 90
Jakobsmuschelspieße mit Gurken-Avocado-Relish 26
Lammspieße mit Minzemarinade 48
Paprika-Steak-Spieße 20
Putenspieße auf Bulgursalat 176
Rosmarin-Schwert-fischspieße 58
Seeteufelspieß mit Pestobohnen 90
Zitronengras-Schellfischspieße 58

Spinat: Garnelen mit sautiertem Blattsalat 62
Linsensalat mit Ziegenkäse 162
Weizensalat mit Räucherforelle 164
Suppen: Bohnen-Petersilien-Suppe 128
Erbsen-Brunnen-kresse-Suppe mit Minznote 130
Erbsen-Salat-Suppe 130
Gazpacho 124
Hühner-Nudelsuppe mit Miso 42
Karotten-Kichererbsen-Suppe 122
Karotten-Linsen-Suppe 122
Kichererbsen-Petersilien-Suppe 128
Kichererbsen-Tomatensuppe 120
Miso-Nudelsuppe mit Omelettstreifen 42
Paprika-Tomaten-Cremesuppe 126
Weiße Gazpacho 124
Zucchini-Erbsen-Cremesuppe 126
Süßkartoffeln: Puten-Burger mit Süßkartoffelecken 34
Süßkartoffelpüree 112
Süßkartoffel-Ziegenkäse-Frittata 150

Tagines 32
Tamarinde: Zitronengras-Rinderstreifen mit Tamarinde 116
Zitronengras-Tofu mit Tamarinde 116
Tandoori-Röstfilet 172
Tapenade: Gegrilltes Lamm mit Tapenade 72

Teriyaki-Tofu mit gebratenem Chinakohl 46
Teriyaki-Wolfsbarsch mit Nudeln 46
Thailändischer Nudelsalat 160
Thunfisch: Kichererbsen-Thunfisch-Salat mit Kräuterdressing 182
Sesamthunfisch auf pikanten Nudeln 74
Thunfisch-Enchiladas 50
Thunfisch-Pizza mit Ananas 76
Tofu: Sesamtofu mit Shiitake-Pilzen 74
Teriyaki-Tofu mit gebratenem Chinakohl 46
Zitronengras-Tofu mit Tamarinde 116
Tomaten: Barschfilet mit Rösttomaten-sauce 86
Bohneneintopf mit Petersilienpesto 60
Bohnen-Tomaten-Schmortopf 146
Gazpacho 124
Hähnchen-Fajitas mit Tomatensalsa 64
Kichererbsen-Tomatensuppe 120
Kichererbsentopf mit Rösttomaten 70
Kichererbsentopf mit Wurst und Gemüse 70
Ofen-Ratatouille 154
Paprika-Tomaten-Cremesuppe 126
Penne mit Rösttomaten 30
Penne mit Rösttomaten, Pinienkernen und Rosinen 30
Riesengarnelen in Rösttomatensauce 86
Schwertfisch mit Couscous 82

Tomatengarnelen mit Zitrone 102
Tomaten-Paprika-Schmortopf 120
Tomatenschellfisch mit Eiern 102
Törtchen:
Frühlingszwiebel-Gouda-Törtchen 142
Porree-Käse-Törtchen 142
Tortillas: Chili-Hähnchen-Wraps 18
Chili-Koriander-Salat mit Rinderstreifen 180
Garnelen-Wrap mit Mango und Avocado 78
Hähnchen-Fajitas 64
Lamm-Hummus-Tortillas 54
Pikante Hähnchen-Wraps 78
Trifle: Ananas-Erdbeer-Trifle 198
Mango-Maracuja-Trifle 198

Vanille-Rosenwasser-Pfirsiche 210
Vegetarischer Italia-Salat 170
Vietnamesische Röllchen mit Erdnussdip 148

Wein: Birnen mit Ahornsirupkeksen 210
Pancetta-Pilztopf mit Rotwein 108
Paprika-Hühnertopf mit Rotwein 108
Weizensalat mit Räucherforelle 164
Wraps: Asia-Wraps mit Pflaumen-Wasabi-Sauce 94
Asia-Wraps mit Sesam-Ingwer-Sauce 94
Chili-Hähnchen-Wraps 18
Garnelen-Wrap mit Mango u. Avocado 78
Pikante Hähnchen-Wraps 78
Würstchen: Bohnen-Paprika-Salat mit Cabanossi 168
Kichererbsentopf mit Wurst und Gemüse 70

Zaziki 106
Ziegenkäse: Linsensalat mit Ziegenkäse 162
Ofen-Ratatouille 154
Süßkartoffel-Ziegenkäse-Frittata 150
Zitronen:
Heidelbeer-Joghurteis mit Zitrone 208
Hähnchenbrust mit Zitrone und Petersilie 18
Zitronendressing 184
Zitronen-Mohn-Dressing 164
Zitronengras-Schellfischspieße 58
Zucchini: Gemüse-Enchiladas 50
Ofen-Ratatouille 154
Röstgemüse-Kartoffel-Auflauf 152
Zucchini-Erbsen-Cremesuppe 126
Zucchini-Frittata mit Minze 68
Zucchini-Frittata mit Schinken und Oliven 68
Zwiebeln: Lammspieße mit Minzemarinade 48
Salat mit Räucherhuhn 194

Herausgeber : Nicky Hill
Lektorat : Fiona Robertson
Art Dditor: Penny Stock
Design: Grade
Fotos : Lis Parsons
Foodstyling : Alice Hart
Requisiten : Liz Hippisley

Produktionsmanager: Martin Croshaw
andere Fotos: © Octopus Publishing Group Limited/Lis Parson; /William Lingwood 31, 65, 69, 91, 123, 131, 135, 155, 175, 23; /Lis Parsons 49, 55, 59, 79, 127, 143, 151, 157, 163, 169, 191, 201, 207, 211, 221; /William Reavell 85, 95, 179; /Gareth Sambidge 17, 45,